CULTO ZEN,
EL PODER
DE LA SIMPLICIDAD

CULTO ZEN, EL PODER DE LA SIMPLICIDAD

Adriana Bielba e Igor Zabaleta

Copyright © EDIMAT LIBROS, S. A.
C/ Primavera, 35
Polígono Industrial El Malvar
28500 Arganda del Rey
MADRID-ESPAÑA
www.edimat.es

ISBN: 84-9764-683-5
Depósito legal: M-19633-2005

Colección: Religiones y cultos
Título: Culto Zen, el Poder de la Simplicidad
Autores: Adriana Bielba e Igor Zabaleta
Diseño de cubierta: El Ojo del Huracán
Impreso en: Cofás, S. A.

IMPRESO EN ESPAÑA - *PRINTED IN SPAIN*

ÍNDICE

INTRODUCCIÓN

La palabra Zen evoca automáticamente armonía y equilibrio. Ésa es la imagen inmediata que acude a nuestra mente en cuanto pensamos en este vocablo. Más allá de esta sensación, poco sabríamos decir de esta disciplina. En Occidente, a lo sumo, muchos la relacionaríamos con los famosos jardines zen de arena, el té y algún tipo de meditación.

Pero ¿qué es realmente el Zen? ¿Una religión? ¿Una filosofía? ¿Unos ejercicios para alcanzar la tan buscada paz espiritual? ¿Una manera de vivir? Aunque contestemos que sí a casi todas estas preguntas, aún no nos acercamos a una definición clara del término. Cada religión, cada doctrina, puede acabar siendo lo que su practicante decida, y en el caso del Zen, la libertad de conciencia tiene un papel destacado.

En las religiones monoteístas, como el Islam, el judaísmo o el cristianismo, esto no ocurre, pues se han de seguir preceptos, y las celebraciones derivan de un fuerte arraigo en la vida social. Para pertenecer a la comunidad se ha de demostrar externamente la espiritualidad interna. Pero en el caso de las religiones orientales, la perspectiva que prima es opuesta. La mayoría de los progresos se establecen de forma interna. Para poner un ejemplo clarificador: no hay gran dificultad para averiguar si alguien acude o no a misa, pero resulta imposible saber, a simple vista, si un yogui está haciendo correctamente sus ejercicios de meditación.

Por lo tanto, las religiones orientales se presentan como una evolución personal que puede durar toda la vida. Y no sólo entendiéndola como la vida actual, porque su creencia en la reencarnación permite que la evolución siga a lo largo de los subsiguientes ciclos de nacimiento y muerte. Así que lo que estas religiones ofrecen a sus seguidores son diferentes técnicas para acercarse a su objetivo y no para aplacar a un Dios «externo».

Las milenarias prácticas de las religiones orientales se han mostrado beneficiosas tanto para los creyentes como para los que no lo son. Cada uno puede aplicarlas a su vida en el grado en que lo prefiera: se puede adoptar toda la cosmovisión del Zen... o practicar unos simples ejercicios de meditación.

El Zen, como todas las doctrinas orientales, se apoya en principios simples que se desarrollan y combinan hasta alcanzar una gran complejidad. Y, como comentábamos, cada cual puede aplicar a su vida los aspectos que prefiera, actuando según su conciencia en un ejercicio de plena libertad personal. No olvidemos que el Zen tiene una sólida base budista y que ésta es la religión más libre de todas. Es aquella en la que cada hombre y mujer puede seguir buscando su propio camino. Y no en vano es la única religión en cuyo nombre no ha habido ni una sola guerra.

Por ello, en este libro pretendemos acercarnos al Zen, explicar con rigor qué supone esta doctrina tan conocida superficialmente. De su historia, de sus enseñanzas, de sus textos, de sus costumbres podremos extraer prácticos consejos para mejorar nuestra vida. Al lector le tocará decidir cómo prefiere aprovechar la información que le brindamos: si desea, una vez conocida, ir más allá, o si se conforma con aprovechar algunos de los ejercicios para conseguir beneficios concretos en su vida.

LA HISTORIA DEL ZEN

El Zen nace dentro del budismo. Como se verá, su fecha concreta de fundación varía dependiendo de la perspectiva que apliquemos. Las bases estaban en las primeras escuelas budistas que se fundaron en China. Sin embargo, su creación tiene una fecha relativamente reciente y su cuna no es China, sino Japón.

Nos extenderemos más acerca de este punto a lo largo de este capítulo. Sin embargo, antes de abordar la cuestión, creemos imprescindible hacer una rápida introducción al budismo. El Zen se origina en el seno de esta religión y por tanto tiene muchos puntos en común con ella. De hecho, para muchos no constituye una escisión o una secta, sino tan sólo una corriente de pensamiento más dentro del gran río del budismo. Al no tratarse este libro exclusivamente del budismo nos vemos en la obligación de ser breves. Daremos pues un repaso apresurado a la religión budista.

EL FUNDADOR DEL BUDISMO

Los orígenes de cualquier religión siempre tienen un componente mítico que roza la leyenda. Por ello, para los historiadores supone una misión casi imposible poder acotar los hechos reales y separarlos de los imaginados o poetizados. Por ejemplo, se sabe que Buda vivió ochenta años, pero la fecha de su muerte ha provocado vehementes discusiones entre los estudiosos de las religiones. En la actualidad, hay tres corrientes de opinión en los estudios del budismo, y cada una data de forma diferente el óbito: el 543 a.C., el 273 a.C. o el 263 a.C.

De todas formas, dejando a un lado estas salvedades, nos concentraremos en la historia que ha llegado a nuestros días, comúnmente aceptada entre los budistas como la del nacimiento de su religión.

Sidarta Gotama nació dentro de la aristocracia India y su destino, desde la cuna, era convertirse en rey. El día de su nacimiento, los monjes hinduistas inspeccionaron al príncipe y vaticinaron que éste se convertiría en un personaje muy importante dentro de la religión. El padre de Sidarta tenía previsto un futuro muy diferente para su vástago, por lo que rodeó al príncipe de todo tipo de lujos. En su palacio no había nada que pudiera hacerle pararse a reflexionar sobre los sinsabores de la vida: ni pobreza, ni enfermedad, ni ningún tipo de preocupación... Un paraíso. En este contexto de lujo y atenciones, Sidarta se casó con su prima y tuvo un hijo.

Pero un día el joven príncipe cruzó los límites del palacio y vio por primera vez a un pobre, a un viejo y a un muerto. Para Sidarta, que nunca había ni siquiera oído hablar del sufrimiento de la vida, aquello fue un terrible golpe que hizo que se replanteara toda su existencia.

Sidarta era hinduista, pero no encontró ningún consuelo en la religión brahmánica que le permitiera librarse del dolor que había provocado en él la visión de la realidad del mundo. De hecho, un punto que señalan con frecuencia los estudiosos del budismo es que él nunca pretendió fundar una religión nueva, sino que quería que la que profesaba evolucionara lo suficiente para poder dar respuesta a sus dudas y a su desazón.

Tras aquellos encuentros, Sidarta abandonó para siempre su hogar y se dedicó a mendigar. A esta actitud se la llama, dentro del budismo, «La gran renuncia», y constituye una de las fiestas más celebradas de tal religión.

Sidarta se dedicó al ascetismo y buscó la respuesta a sus dudas en los principales brahmanes hinduistas de su época. De ellos aprendió muchísimo, pero continuaba sin encontrar resolución a sus cuestiones: ¿cómo se podía acabar con el dolor en el mundo?, ¿cómo encontrar un remedio a tanto sufrimiento?, ¿cómo, en definitiva, alcanzar la felicidad?

Sidarta Gotama perseveró en su aciaga búsqueda hasta que se estableció en Uruvela con cinco discípulos. Todos ellos practicaban el ascetismo más severo. Creían

---

LA REVELACIÓN

La doctrina budista se basa en la revelación de su fundador. En concreto ésta consistía en las Cuatro Nobles Verdades:

1. La Verdad del Sufrimiento. La existencia es sufrimiento.
2. La Verdad de la Causa del Sufrimiento. El deseo, el apego y la ignorancia son las causas del sufrimiento.
3. La Verdad de la Cesación del Sufrimiento. Los seres humanos podemos experimentar un estado de conciencia exento de sufrimiento.
4. La Verdad del Camino hacia el Cese del Sufrimiento. Este camino recibe el nombre de Noble Sendero Óctuple porque está formado por ocho aspectos:

- Visión correcta.
- Pensamiento correcto.
- Palabra correcta.
- Acción correcta.
- Medio de existencia correcto.
- Esfuerzo correcto.
- Atención correcta.
- Meditación correcta.

firmemente que mortificando su cuerpo accederían a un estado superior que les procuraría las respuestas que no hallaban por ninguna otra vía.

Un día, una campesina, al ver al esquelético Sidarta, le ofreció unas gotas de leche. En ese momento, Gotama comprendió que la privación no le daría la respuesta que anhelaba y aceptó la caridad de aquella mujer. Tras beber las gotas de leche encontró un árbol y decidió que se sentaría bajo él y que no se volvería a levantar hasta que hubiera tenido una revelación. El árbol bajo el que se sentó se conoce como Boddhi o árbol de la Sabiduría, y la mayoría de los entendidos lo ubican a las orillas del río Neranjara, en Buda Gaya (actual Bihar).

Así pasó Buda muchos días y muchas noches. El señor del mal, Mara, intentó tentarle con sus ejércitos de ilusión, que pretendían romper la concentración de Sidarta, que entonces tenía treinta y cinco años. Sin embargo, su meditación era tan profunda que finalmente los espíritus malignos se rindieron, al comprender que no podrían hacer que se despistara de su objetivo.

En esa profunda meditación, Sidarta tuvo acceso a todas sus anteriores vidas. Y tuvo la revelación en la que se basaría toda la doctrina budista, la de las Cuatro Nobles Verdades: 1) Toda existencia es cambio y sufrimiento; 2) El origen de todo el sufrimiento es el apego; 3) El sufrimiento puede llegar a frenarse, en consecuencia, mediante el desapego, y 4) El camino al desapego es el Óctuple Noble Sendero, que se basa en la moralidad, la concentración y la sabiduría.

Al recibir la revelación, Sidarta Gotama se libró de la cadena de reencarnaciones y se convirtió en Buda, que significa «despierto» o «iluminado». Adquirió, también, una percepción sobrehumana.

Según cuenta la leyenda, esto no impidió que al principio no supiera qué hacer con lo que le había sido revelado. Entonces los dioses le dijeron que no debía guardarse aquella información para él, que era su obligación compartirla con el mayor número de personas posibles.

Por ello se reunió con sus discípulos en el Parque de las Gacelas, en Isipatana (la actual Sarnath). En ese punto, sus apóstoles no querían dirigirle la palabra, porque sabían que había ingerido agua, lo que iba en contra de los principios que había postulado durante mucho tiempo. Pero las palabras de Buda les hicieron comprender que jamás hallarían la verdad en la mortificación de sus cuerpos. Se volvieron a reunir en Benarés, donde Buda dio el famoso sermón, equivalente en trascendencia al que para los cristianos supone el sermón de Cristo en la montaña. Allí Buda explicó las Cuatro Nobles Verdades.

A partir de ese momento, los ascetas se ordenaron monjes y siguieron los dictados de Buda. Éste fue el inicio de la *sangha*, que es la comunidad budista.

DIFERENTES RAMAS DEL BUDISMO

En la actualidad, se distinguen las siguientes, que se han instaurando en diferentes zonas geográficas:

- *Hinayana* (o «pequeño camino»): Sudoeste de Asia.
- *Mahayana* (o «gran camino»): Japón, China, Grecia y otros lugares.
- *Vajrayana* (o «camino de diamante»): China, Japón y otros lugares.
- Budismo Zen: Estados Unidos, Europa, algunas zonas asiáticas y otros lugares.
- Lamaísmo: El Tíbet.
- *Tendai*: Japón, Tailandia y Birmania.
- *Theravada*: Varios países.

EL AUGE DEL BUDISMO

Buda planteó una religión democrática y libre que levantó un auténtico escándalo en su época, pues atacaba, directamente, el sistema de castas. Los hinduistas sólo aceptaban en sus monasterios a hombres ricos que cedían sus posesiones o a intelectuales que podían aportar interesantes puntos de vista a su filosofía. En cambio, en los monasterios budistas podía entrar todo el mundo, sin ningún tipo de distinción. Pobres, analfabetos, pecadores, ricos, santos... e, incluso, mujeres. Se reunieron las primeras comunidades de monjas, algo inaudito en aquella época en la que ninguna religión contemporánea consideraba a la mujer un ser espiritual.

Buda viajó por todo el Ganges con su comunidad explicando sus enseñanzas a todo aquél que quisiera oírlo. A su paso, se formaron diferentes comunidades monásticas. En estas peregrinaciones conoció a un hombre muy rico, quien le agradeció el consuelo que había encontrado en su doctrina construyéndole un monasterio en Savatthi. Ésta era la residencia de Buda cuando no peregrinaba y el lugar donde se retiraba cuando quería ahondar más en su doctrina.

El fundador del budismo murió a los ochenta años de edad. Se encontraba en Kusinagara, en Nepal, y falleció por la ingestión de unos alimentos en mal estado que le provocaron disentería. Él mismo había predicho y descrito su propia muerte.

Según varios escritos posteriores sus últimas palabras fueron: «Todas las cosas condicionadas son transitorias. Tratad de cumplir vuestra tarea con diligencia». Así dejaba claro que cada uno debía encontrar su camino de salvación sin aferrarse a los bienes materiales ni a los sentimientos que desembocan en el dolor.

Cuando Buda murió, sus seguidores se dieron cuenta de que sin su maestro se encontraban perdidos, erráticos, sin saber qué hacer con las enseñanzas que les había brindado. Buda nunca había dado normas de cómo debía ser la vida en las comunidades. Por lo tanto, ¿cómo organizarse? ¿Qué hacer para que su divino mensaje no se perdiera o fuera malinterpretado?

Buda no había designado a ningún sucesor ni dejó ningún escrito. Confiaba en que la tradición oral sirviera para que sus enseñanzas llegaran a las generaciones futuras.

Los seguidores de Buda establecieron diferentes consejos, en los que todos se reunían y consensuaban su comportamiento y objetivos. De ahí aparecieron las diferentes escuelas. En este punto también jugó un importante papel la expansión del budismo. Al entrar en contacto con otros países que tenían creencias diferentes, fue tomando algo de éstas para introducirse sin causar recelo en la población local.

EL BUDISMO ZEN

No nos vamos a ocupar de todas las ramas anteriormente enunciadas, pues darían pie a un libro por sí mismas. Vamos a ocuparnos mejor del momento en el que el Zen se consolida como una rama diferenciada del budismo.

Hay muchas versiones sobre cómo ocurrió, así como también existen muchas escuelas dentro del propio Zen con sus particularidades concretas.

En este apartado ahondaremos en la trayectoria del budismo Zen y en cómo éste ha llegado hasta nuestros días.

El Zen, como tal, es la mezcla del budismo con el taoísmo y con el yoga. Se desarrolló, en un inicio, en

China, y más tarde acabó de perfeccionarse en Japón. A estos países llegó el budismo *Mahayana*, que es el precursor directo del Zen. De hecho, Zen y Chan son las formas japonesa y china de pronunciar el térmico sánscrito *dhyana*, que sirve para designar un estado mental parecido al de la contemplación o la meditación.

Lo que designan los conceptos de Zen y de meditación tiene mucho que ver con el yoga. El yoga fue empleado por Buda para alcanzar su revelación. En esa época, los métodos del yoga se reducían únicamente a privarse de alimentos, a practicar el ascetismo y a llevar a cabo promesas como la de permanecer muchísimo tiempo de pie sobre una pierna. Todas estas privaciones debían servir para que el discípulo pudiera abstraerse de cuanto había a su alrededor y concentrarse en cambio en el control de su espíritu.

Buda siguió el yoga durante doce años, pero a través de esta férrea disciplina no encontró la revelación que tanto ansiaba. Al abandonar el ascetismo, se concentró en la postura de *zazen*, y consiguió alcanzar la iluminación. Esta posición es la vuelta a la condición normal del cuerpo y del espíritu. De la fusión de todas estas doctrinas aparece el Zen.

De todas formas, el Zen pasará por diferentes etapas en las que se irá desarrollando e incorporará diferentes detalles del resto de las religiones con las que convive. A continuación mencionamos las principales etapas en el desarrollo de la doctrina Zen.

EL PRIMER MAESTRO ZEN

Se considera que el primer maestro Zen fue Bodhidharma. Pertenecía a la vigésima octava generación de discípulos de Buda y vivió en China, en una época en que el país asiático estaba dividido por guerras entre estados enemigos. Realmente se trató de una etapa aciaga, en la que el país estaba desgarrado por terribles combates, que propiciaban el advenimiento de tiranos y hambrunas endémicas. Reinaba el caos y no parecían buenos tiempos para la espiritualidad.

Según los datos biográficos que se han podido recoger, Bodhidharma nació en la ciudad de Kanchi (al sur de la India) hacia el año 440. Era el tercer hijo del rey Sinhaverman y de joven se convirtió al budismo. Empezó a estudiar esta doctrina que acabó por convertirse en el centro de su vida. Su padre le animó a seguir sus estudios en China y tras tres años de duros viajes —debido a las guerras y a los embargos de algunos de los territorios comprendidos entre China y la India—, llegó a su destino. Allí visitó varios monasterios budistas y convivió con los monjes ahondando cada vez más en su futura interpretación propia del budismo.

El emperador Wu-ti, de la dinastía de los Liang, era un gran seguidor del budismo. Oyó hablar de Bodhidharma y lo citó en su palacio. Le preguntó: «¿Cuál es el principio fundamental del budismo?». A lo que el maestro contestó: «Un vacío inmenso. Un cielo claro. Un cielo en el que no se distinguen los iluminados de los ignorantes. El mundo mismo tal y como es».

El emperador no entendió nada. Bodhidharma se dio cuenta de que era difícil explicar su nueva concepción del budismo a través del Zen. Por ello se retiró a las montañas septentrionales del Templo Shaolin. Allí empezó a elaborar y desarrollar su pensamiento.

En este mismo templo surgieron las artes marciales. Existen varias teorías al respecto. Algunos creen que se trataba de una prolongación de las teorías Zen. Otros, sin embargo, creen que brotaron simplemente como una autodefensa contra los bandoleros que solían atracar a los monjes.

Volviendo a Bodhidharma, existe mucha polémica sobre cuáles fueron las enseñanzas que dejó. Los estudiosos del tema no saben si verdaderamente todas las que se le atribuyen pertenecen a él o si se han incluido en el canon algunas de sus discípulos. Dejando claro este punto, a continuación resumiremos los sermones que habitualmente se consideran que pertenecen a sus prédicas.

LA MEDITACIÓN SOBRE LOS CUATRO ACTOS

En este sermón se explica de forma bastante general la entrada en el Camino budista. Las claves radican en la razón (que significa la contemplación) y la práctica. La idea es que a través de estas dos técnicas se llega a la conclusión de que todos los seres vivos comparten la misma naturaleza. Así se deja de lado la ficción de que formamos entidades separadas y se accede a la verdadera cadena humana. Para ello se ha de aceptar el *karma*, adaptarse a los condicionamientos de la existencia, abolir el deseo y practicar el *Dharma*.

EL TRATADO SOBRE EL LINAJE DE LA FE

La única forma de alcanzar la Iluminación es comprender la propia naturaleza. De nada sirve limitarse a seguir las acciones de Buda como humano, sino que se trata de ir más lejos y comprender su verdadera naturaleza, lejos del mundo de las apariencias. Tampoco servirían de mucho las buenas obras, seguir los dictados de la doctrina budista o recitar suras.

El budismo nos ofrece la contemplación, el Zen le incorpora a la creencia la proyección más introspectiva.

EL SERMÓN DEL DESPERTAR

Este sermón es especialmente importante, pues en él se menciona la palabra Zen. Zen es un estado inalterable, en el que ya no se depende de los condicionantes de la vida, de las alegrías ni de los pesares. El sufrimiento se acaba en el vacío. También habla de la necesidad de la unión entre los Budas y los mortales. La frase más célebre es: «Los mortales liberan a los Budas y los Budas liberan a los mortales».

EL SERMÓN DE LA CONTEMPLACIÓN DE LA MENTE

Conocer nuestra verdadera naturaleza es la única forma de escapar del engaño de las apariencias de este mundo. La muerte conlleva tres enemigos que impiden conseguirlo: odio, codicia e ilusión. Los Caminos de la Moral, la Meditación y la Iluminación son las vías para contrarrestarlos. También es necesario ayudar a los demás en el periplo de su propio autoconocimiento.

El Zen vivió su época de máximo esplendor durante la dinastía T'ang (619-907) gracias a la protección que le brindó la emperatriz Wu. En pocos lugares del mundo se recuerda un momento tan dulce para el budismo zen. Proliferaron maestros, discípulos, estudiosos e incluso algún que otro farsante que aprovechó la efervescencia del fenómeno. La clave fue el apoyo del gobierno a los monasterios, que lograron gran

ARTES MARCIALES
Las artes marciales que nacieron en el templo de Shaolin fueron un vehículo inesperado para la transmisión de los valores Zen. Aún en la actualidad muchos son los que se acercan a esta filosofía de vida empujados por la curiosidad que les provoca saber más de la disciplina guerrera que están estudiando.

poder social. Por otra parte, el arte y la filosofía zen llegaron a las clases acomodadas, en salones bohemios en los que imperaba el budismo como la búsqueda de lo sublime.

Todo esto tocó a su fin en el año 842, cuando un nuevo emperador, asustado por el poder de los monasterios, inició una persecución contra los budistas. Siguiendo los principios de Confucio desacreditó a esta religión. Ya nunca más se volvería a vivir un esplendor similar. De todas formas, este proceso sirvió para que en China se asentara el budismo Zen como la rama más seguida de esta religión.

Época de expansión

Las teorías del budismo zen empezaron a expandirse por el sudeste asiático. La época de esplendor en China permitió que muchos monjes viajaran por esta zona y pudieran hacer arraigar en ella su nuevo credo.

El término que se empleaba durante toda esta época para designar al Zen era la palabra china *Ch'an*. No se llamó Zen hasta que llegó al Japón, aunque ahora sea reconocido internacionalmente con este nombre.

El primer país en recibirlo, por proximidad, fue Corea. Allí conoció una repercusión muy importante. Buena parte de los grandes maestros zen que hicieron avanzar esta doctrina eran oriundos de este país. El monje Chinul, por ejemplo, jugaría un papel destacadísimo y es considerado por la mayoría de practicantes del Zen como una figura clave.

El Zen también recaló en el Tíbet. En poco tiempo contó con una gran cantidad de seguidores. Pero fue una época corta, que acabó en el siglo VIII cuando un polémico debate en la ciudad de Lhasa impuso el llamado budismo tibetano y apartó para siempre las teorías del Zen.

En esta época dorada también viajó hasta Vietnam, Camboya y Tailandia. La doctrina se hizo un hueco en las ciudades de estos países, pero el *corpus* teórico no evolucionó demasiado. Se trataba de los mismos principios que venían de China. Sin embargo, al desembarcar en Japón, supuso una gran revolución tanto para la sociedad nipona de aquel tiempo como para la propia doctrina, que vivió una edad de plata.

LAS ESCUELAS JAPONESAS

Como explicábamos anteriormente, el Zen que nació en China se vio complementado por las teorías japonesas. De hecho, sin esta aportación, el Zen no sería la doctrina que ha llegado hasta nuestros días.

Cuando la tradición Zen llegó a Japón, en este país ya existía un importante culto budista, que había sido introducido entre los nipones en el año 538 d.C., gracias a los presentes de un rey coreano, que incluían un grupo de monjes, escrituras e imágenes. En esta época, se profesaba la religión autóctona de Japón, el Shinto, aunque también había un importante grupo de confucionistas y taoístas. En la actualidad sintoísmo y budismo aún conviven y muchos son los que profesan ambos cultos, en muchas ocasiones compartiendo incluso los mismos espacios de plegaria.

En el siglo VI, el príncipe Shotoku implantó el budismo como la religión de estado de Japón. El Zen no llegaría hasta el período Kamakura. De hecho, la primera escuela Zen es la de Rizai, que fue introducida por el monje japonés Eisai (1141-1212). Poco después aparecería la escuela de Soto, de la mano del monje Dogen. En la actualidad, éstas son las dos escuelas más destacadas de Japón, aunque existe una tercera, llamada Obaku, que apenas es conocida en el mundo occidental. A continuación estudiaremos muy por encima las peculiaridades de cada una de ellas.

RINZAI

En un principio fue la mejor aceptada por los *Samurai*, así como por las clases dominantes japonesas. Algunos señores feudales intentaban que su poder también llegara a los monasterios, que tenían normas muy rígidas. De todos modos, que nadie confunda a esta escuela con el código de honor *samurai*, que tiene más que ver con el confucionismo que con el budismo. Una de las razones para que contara con el beneplácito de las clases guerreras pudo ser que también se dedicó al cultivo de las artes marciales.

DOS ESCUELAS SEPARADAS
Las dos corrientes del budismo zen siguen separadas en la actualidad. Las diferentes academias que se pueden encontrar en Europa se adscriben a una o a otra y siguen sus preceptos. De todos modos, en Occidente las dos corrientes se han unificado bastante.

La enseñanza Rinzai se caracterizaba por tener encuentros duros con los estudiantes, para que llegaran a la iluminación. Los maestros proponían acertijos *(koan)* a sus discípulos y éstos debían encontrar la respuesta no a través del análisis lógico sino de un despertar a la iluminación llamado *Satori*.

SOTO

Esta escuela Zen fue fundada por el monje japonés Dogen (1200-1253), que entró en el sacerdocio a los trece años, después de la muerte de sus padres.

Sus enseñanzas eran mucho menos rígidas que las de la escuela Rinzai, por ello tuvieron mucha aceptación entre las clases populares y entre los artistas. Según Dogen, buscar la iluminación llevaba implícito en sí mismo una contradicción, pues sería imposible no esperar un beneficio inmediato de las acciones que uno lleva a cabo. Por lo tanto, esta escuela predica la meditación sin ningún objetivo concreto. Se trata del día a día, en las prácticas de meditación —y también en los quehaceres cotidianos—, y que todo vaya fluyendo de forma más natural.

EL ZEN LLEGA A OCCIDENTE

Los primeros occidentales que tuvieron contacto con el Zen fueron los misioneros jesuitas. Pero estaba claro que su misión no era conocer otra religión, sino imponer la suya. Por lo tanto, tan sólo quedan algunos testimonios en los que apenas se analiza el contenido de esta doctrina, y simplemente se la equipara a las supersticiones de otros pueblos autóctonos.

En el siglo XIX muchos de los grandes filósofos alemanes estuvieron influidos por las teorías budistas. Por desgracia no podemos tachar su conocimiento de profundo, sino de tímido acercamiento aún muy imbuido del pensamiento europeo.

No será hasta el siglo XX cuando en Occidente empiece a despertar un verdadero interés y conocimiento por el Zen. El contacto fue posible gracias al intelectual nipón Daisetz Teitaro Suzuki, que ejerció gran influencia sobre el pensamiento europeo. Tras esta toma de contacto, hubo una segunda oleada en los años setenta del siglo XX, dentro del movimiento contracultural. Alan Watts se encumbró como uno de los personajes encargados de introducir estos valores milenarios que aún hoy en día continúan bastante ignorados por Europa.

En Estados Unidos, el Zen llegó muy ligado al contacto cultural que mantuvo este país con Japón tras la Segunda Guerra Mundial. A partir de esa ocupación, se levantó un interés —algo minoritario, eso sí—, sobre todo por parte del mundo universitario, que se fue contagiando a Europa, Australia y América del Sur.

De todas formas, lo cierto es que esta religión continúa pasando bastante desapercibida para la mayoría de la población occidental. Nos han llegado algunas de sus prácticas, como el yoga o las artes marciales, pero la verdadera filosofía se sitúa aún lejos del alcance de la mayoría. Y es que el Zen es más que una religión, es una filosofía de vida. De momento, estamos arañando en su superficie, con algunos detalles que procuran consuelo. Pero seguimos sin conocer cuál es la raíz del problema y cómo solucionarlo siguiendo esta doctrina.

LA FILOSOFÍA DEL SIGLO XIX

Los filósofos de los últimos años del siglo XIX y de los primeros del XX desarrollaron teorías basadas en algunos de los principios budistas. Su principal paradoja era que se trataba de erudiciones intelectuales, cuando el budismo aspira a un conocimiento mucho menos razonado y mucho más vivido.

FILOSOFÍA ZEN

¿Qué es el Zen? Ésta es la pregunta que se han hecho desde filósofos hasta estudiosos de las religiones, pasando por un amplio grupo de sociólogos y antropólogos. El Zen es una mezcla excepcional de filosofías y religiones de tres países diferentes: la India, Japón y China. Cada una aporta una visión complementaria: el misticismo hindú, la dedicación a la naturaleza del Taoísmo, el pragmatismo confucionista. Y así eclosiona el Zen, que es una mezcla única entre religión y filosofía, una forma de ver la vida y de entender el mundo.

Una de las particularidades del Zen es que integra todas las aportaciones del confucionismo, el shintoismo y el taoísmo sin perder en ninguna instancia su carácter budista. El Zen continúa como una rama de esta religión, una escuela más que puede ofrecer muchos matices que sirven para que los integrantes de otros credos la hagan suya.

Debemos esta flexibilidad al carácter abierto del budismo, que nunca se ha querido imponer a otras religiones. Lo hemos dicho antes y queremos remarcarlo una vez más: por alguna razón es la única doctrina en cuyo nombre nunca se ha desatado una guerra religiosa. Y para entender un poco más la filosofía Zen es imprescindible comprender a grandes rasgos el budismo y algunas de las principales religiones orientales.

EL BUDISMO: EN BUSCA DE LA FELICIDAD VERDADERA

El objetivo al que aspira el budismo no puede ser más loable: que todos los seres sean felices. No busca la salvación de sus almas, como la mayoría de las religiones monoteístas, sino que intenta apartar el sufrimiento de la vida.

Para ello, Buda indagó sobre la raíz del dolor. Todos estamos condenados a sufrir. ¿Por qué? Básicamente, porque todo se acaba, porque estamos en un mundo en que todo es perecedero. La vejez, la enfermedad, la muerte, son insoslayables. Estamos continuamente expuestos a ellas y son la principal causa del dolor. Para huir de él, nos aferramos a los momentos de alegría, pero éstos reportan aún más sufrimiento cuando acaban.

La idea que mantiene el budismo es que atarse a este mundo sólo produce dolor. Por ello tenemos que buscar la Iluminación: comprender que este mundo es ficticio, que vivimos rodeados de apariencias y somos nosotros los que decidimos creerlas ciertas. Pero existe un mundo imperecedero. Es donde están nuestras almas antes de llegar a la Tierra y donde vuelven a ir cuando morimos. En ese mundo, la felicidad es auténtica, porque no tiene fin.

Por lo tanto, se ha de llegar a un estado que nos permita ver el universo en su totalidad y sirva para que seamos conscientes que todo lo que damos por cierto no es nada más que apariencia.

Todos nuestros actos tienen una reacción. Es la ley del *karma*. Igual que cuando tiramos una flecha al aire. Ésta puede caer en el suelo, darle a un árbol o acabar con la vida de una persona. Eso creará una reacción y nosotros, de algún modo, tendremos que equilibrar la balanza. Volveremos de nuevo a la Tierra para saldar las deudas kármicas de nuestra anterior existencia. Pero al vivir de nuevo, crearemos más *karma* y por tanto tendremos que volver de nuevo. Y así sucesivamente. La única forma de acabar con todo esto es escapar a la ley del *karma*. Poner nuestra cuenta a cero.

Pero ello no es fácil. El único camino es dejar de sentir las emociones que por definición forman parte de las apariencias. No sentir rabia ni ira ni envidia ni alegría ni dolor... Comprender que todo esto son sólo engaños que no nos permiten evolucionar a un estado superior de conciencia.

Sólo así, según el budismo, se podría acceder al *Nirvana*, un estado en que nos libraríamos de la cadena de reencarnaciones y formaríamos parte de todo el universo. De hecho, el *Nirvana*, en el budismo, supone la aniquilación, la destrucción de la individualidad, que es la única forma de acabar con el sufrimiento. La única fuente que procura la felicidad absoluta.

Todo esto hace del budismo una religión especialmente pacífica. No existe ningún interés por el poder terrenal, por lo que en esencia no la pueden manipular los gobiernos ni las ambiciones de la jerarquía de seguidores.

Por otra parte, en el budismo no existe el concepto de pecado. No hay nada que esté bien o mal porque así lo mande un Ser Supremo. Cada cual busca la felicidad de la forma que puede. Dañar a los demás, por ejemplo, es perjudicial básicamente porque supone incrementar el *karma* negativo y, como todos somos lo mismo, es una forma de hacernos daño a nosotros mismos.

Encontrar la Iluminación, ese estado que nos permita ver el mundo tal y como es y prescindir de las apariencias, no es un camino fácil. Para ello, es necesaria la meditación, que es la única forma de abstraerse de lo que nos rodea y conectar con nuestra verdadera naturaleza.

Al ser un proceso individual, nadie tiene capacidad de supervisarlo o conducirlo. Es muy diferente, por lo tanto, a las religiones monoteístas, en las que los ritos son mucho más sociales. Ya lo apuntábamos: se puede saber si alguien va a misa, acude a los ritos judíos y lleva a cabo las oraciones del Islam, pero es imposible conocer si alguien que medita lo hace correctamente o no. Por ello, el budismo es seguramente la religión más individualista que existe. Cada uno busca su propia iluminación y, como mucho, puede compartir sus conocimientos con otros que también ansíen llegar a este estado.

¿EXISTE UN DIOS?

Algunos creen que el budismo es una religión sin dios, mientras otros la consideran politeísta. Éste es el gran debate que sostienen sus estudiosos, y no tiene una respuesta única. Los budistas tienen que encontrar la Iluminación y para ello pueden ayudarse empleando la imagen de diferentes dioses. Algunas escuelas necesitan esa imagen mientras que otras no. Ahí radica el carácter libertario del budismo: el camino para conseguir la Iluminación puede variar en cada caso, lo importante es lograrla.

LA ILUMINACIÓN COTIDIANA

Al pensar en el budismo, la imagen clásica que nos viene a la mente es la de monjes asiáticos, con la cabeza rapada, meditando largas horas en busca de una verdad absoluta. Sin embargo, el Zen rompe completamente con este concepto.

Cuando el budismo tomó contacto con el taoísmo, se impregnó del concepto de que las cosas deben ocurrir de forma natural, sin necesidad de retirarse del mundanal ruido.

De ello el Zen deriva en un profundo misticismo que es capaz de enlazar con la cotidianidad más absoluta.

Ésta es seguramente una de las razones por las que ha calado en el mundo occidental. Para seguir el Zen no es necesario renunciar a todo. Se puede vivir el día a día de forma mística para conseguir la paz de espíritu, que es lo que todos, de una forma u otra, estamos buscando.

El Zen se ha definido como la disciplina de la Iluminación. Y es que ése es su único objetivo. Sus seguidores no teorizan sobre el origen del mundo ni el final del mismo. No se dejan llevar por la metafísica ni por explicaciones que puedan despistar del objetivo final: la iluminación. No es necesario recitar *sutras* ni dedicar horas y horas a la meditación. Ésta se puede llevar a cabo en cada una de las acciones cotidianas.

LA NATURALIDAD DEL ZEN

Cuando al maestro Po-Chang le pidieron que definiera el Zen dijo lo siguiente: «Cuando tengo hambre, como; cuando estoy cansado, duermo». Parece, tal vez, algo obvio, pero es una filosofía de vida sin tensiones que conduce a la paz interior. Otra de las metáforas famosas de ese maestro fue decir que el Zen es como montar un buey en búsqueda de un buey.

Hay un dicho zen muy conocido que explica así la experiencia de cada día: «Antes de estudiar Zen, las montañas son montañas y los ríos son ríos; mientras estás estudiando Zen, las montañas ya no son montañas y los ríos ya no son ríos; pero una vez alcanzas la iluminación, las montañas son nuevamente montañas y los ríos son nuevamente ríos».

De esta forma, se explica que la espiritualidad no es una renuncia al quehacer diario. Y aquí radica otra de las paradojas del Zen: su profundo misticismo en contacto con la prosaica cotidianidad. Esto es lo que hace que para algunos sea una filosofía mucho más mística que ninguna otra, ya que no separa lo divino de lo humano, sino que convierte a cada acción humana en una forma de trascender y, por tanto, de encontrar la iluminación.

El Zen, por tanto, es una religión o filosofía aplicable a cualquier tipo de vida, algo que en Occidente resulta sumamente atractivo. En muchas ocasiones, las religiones orientales tienen preceptos y costumbres que las hacen totalmente incompatibles con una vida en el mundo «capitalista», por designarlo de algún modo. Pero esto puede conducir también a que en muchas ocasiones nos quedemos tan sólo con la superficie del Zen, como si fuera una versión baja en calorías del budismo. Sin embargo, aquí es justo donde adquiere gran importancia el Zen auténtico, que permite que vivamos normalmente, sin grandes renuncias y que podamos trascender espiritualmente.

LA RELIGIÓN SIN PRECEPTOS

El debate sobre si el Zen es una filosofía o una religión es completamente comprensible, pues aunque se apela a la espiritualidad del ser humano, en ningún momento se le impone un camino o una serie de preceptos que deba cumplir. Casi todas las religiones tienen un objetivo y una razón para alcanzarlo: ser buenos para no ir al infierno, llegar a la iluminación para dejar de sufrir... Se trata, evidentemente, de una reducción de conceptos muy amplios, pero la idea indica que casi todas poseen un camino marcado para llegar a un lugar preciso por unas razones concretas. Esto no ocurre de igual modo en el Zen. Ésta constituye una de sus principales particularidades y lo que más sorprende a los estudiosos que no saben si catalogarla como filosofía o como religión.

El Zen, como se ha comentado, no explica por qué estamos aquí, ni siquiera hacia dónde vamos. No existe una teoría cosmogónica del universo. Alcanzar la iluminación no es necesario por ninguna razón más que porque es el mejor estado en el que se puede encontrar el hombre.

El budismo tradicional envuelve la iluminación con una historia que hace que sus seguidores tengan más interés por alcanzarlo. En cambio, el Zen se desnuda de todas esas vestiduras. Es, en cierto modo, la búsqueda de la espiritualidad por la espiritualidad, sin que en ningún momento tenga que justificarse con nada más. Esto es lo que la hace por una parte terriblemente sencilla y por otra absolutamente complicada. Es otra más de las paradojas del Zen.

BUDISMO SIN SUTRAS

El Zen fue la primera escuela en el budismo que suprimió la costumbre de recitar *sutras* como forma de conseguir la iluminación. Se pueden recitar si eso hace que el practicante pueda concentrarse mejor, pero no son imprescindibles. Este concepto creó un gran revuelo en su época, pues hasta entonces se consideraban casi obligatorias para alcanzar un nuevo estado espiritual.

De hecho, el pensamiento de que la iluminación llegará de forma natural, entronca con el taoísmo. En ambas doctrinas se considera que la naturaleza original humana es ya pura y elevada. Por tanto, volver a ella implica librarnos de todas las apariencias impuestas y regresar a un estado originario. Este punto es muy importante, pues se considera que la iluminación es algo que ya tenemos de salida y por tanto no se trata de hacer grandes sacrificios para acceder a un estado que está por encima de nuestras posibilidades, un concepto revolucionario dentro de la religión budista. El taoísmo siempre ha apelado al culto a la naturaleza para comprender que nuestra vida se asemeja a ella: es un fluir, un devenir de procesos que debemos aceptar y contemplar. La aportación taoísta le dio un carácter especial y único al Zen, que no sigue, como el resto de los budistas, preceptos concretos.

Muchos practicantes del Zen siguen el calendario de festividades budistas. Pero es casi algo que tiene más que ver con la tradición que con la vivencia propia de la religión. Y es que el Zen apenas tiene preceptos o normas que se tengan que seguir al pie de la letra. Por ello es una doctrina muy libre. La meditación es una de las formas de encontrar el camino hacia la iluminación. Por ello, el Zen desarrolla muchas técnicas en este sentido. Pero no se trata de una imposición, sino de una recomendación. Como en el budismo en general, la iluminación se puede alcanzar desde cualquier camino. Cada uno tendrá que encontrar el propio para llegar a este estado que sirve para librarse del dolor.

DE MAESTRO A ALUMNO

Al no tener preceptos, el Zen tampoco cree en las escrituras clásicas que los budistas toman como referencia. Existen diferentes artículos que reflexionan sobre el Zen, pero no hay ningún libro que pueda tomarse como referencia. De hecho, lo más parecido son los *koans* o los *haikus*, que son poemas de tres versos cortos que contienen una pequeña imagen reveladora.

Es imposible encontrar un escrito que explique cómo se ha de vivir según el Zen, pues esto sería una contradicción en sí mismo. Una religión libre no debe tener mandatos.

Entonces, ¿cómo es posible trasmitir el concepto zen?, ¿y cómo ha sobrevivido éste a lo largo de los siglos? La respuesta es clara: a través del traspaso de conocimientos de los maestros a sus discípulos. La técnica consiste en «apuntar directamente». Ésta es, seguramente, una de las grandes novedades que aporta el Zen a la práctica religiosa y que proviene en parte de la mentalidad imperante en el Japón clásico, más intuitiva que intelectual. La idea es que no se tiene que intelectualizar lo místico: se ha de vivir. Por tanto, de nada serviría pasar años estudiando los libros sagrados. El conocimiento debe llegar de primera mano gracias al ejercicio de la intuición. Los maestros del Zen no dan largas explicaciones teóricas. Plantean a sus alumnos situaciones que sirven para que ellos desarrollen su parte más intuitiva. El Zen es una experiencia vivida, no pensada. Es ésa la única forma de acceder al verdadero misticismo.

De hecho, el Zen intenta que se consiga la paz interior, ese estado mental en que la maquinaria deja de forzarse y todo fluye de forma natural. Por tanto, sería contradictorio que para alcanzarlo uno tuviera que hacer un sobreesfuerzo intelectual, justo lo que se intenta evitar.

EL LINAJE ZEN

Casi todas las escuelas Zen ofrecen un linaje. Esto es, la línea de transmisión por la cual los maestros han llegado a recibir los conocimientos que tienen. Este punto tiene mucha trascendencia para los estudiosos del Zen. Y, sobre todo, es útil para saber diferenciar las verdaderas escuelas de las que intentan vender sólo una versión fácilmente digerible de la doctrina.

El Zen aboga en consecuencia por una transmisión externa de las escrituras, que no esté apoyada ni en palabras ni en letras ni en conceptos que apelen al intelecto. El maestro apunta directamente a la mente del alumno. Éste alcanza el estado de Buda desde su propia naturaleza y no desde la reflexión intelectual.

En este sentido, tienen mucha importancia los *koans* (en otro capítulo de este libro se hablará en profundidad de ellos). Se trata de unas parábolas que hacen que el alumno tome partido, que deba interpretarlas, que aprenda, sin necesidad de explicarle cuál es la lección. Sirven para activar la deducción, que es mucho más importante que el análisis intelectual. De esta forma se consigue que el alumno deje de lado los pensamientos abstractos y se concentre en soluciones concretas, que son las que le permiten alcanzar la iluminación en la vida diaria. Y estas conversaciones no duran demasiado. Los maestros nunca se extienden en sus explicaciones y así el alumno va intuyendo cuál es su camino hacia la iluminación. Pero lo descubre desde su punto de vista, sin ninguna imposición.

Por ende, a veces el Zen resulta difícil de comprender. Nos hemos acostumbrado a las religiones que nos marcan un camino. Tanta libertad, en un principio, puede resultar angustiosa. Pero cuando se vencen esos sentimientos primigenios, se encuentra la verdadera paz para el alma.

EL ARTE ZEN

El Zen tuvo gran importancia en el desarrollo artístico de China y especialmente de Japón. De hecho, muchos fueron los artistas que se decantaron por el Zen por encima de otras escuelas budistas.

En el budismo genérico el arte es un elemento más del mundo de las apariencias. Está condenado a no perdurar, por lo que no tiene mucho sentido concentrarse en él. En cambio, el Zen lo ve como un elemento para conectar con el misticismo interno, para conseguir la verdadera iluminación.

El concepto chino y japonés de arte engloba mucho más que el occidental. Además de la música y la pintura, incluye la caligrafía, los arreglos florales, la ceremonia del té, algunos deportes como el tiro con arco y casi todas las artes marciales. Resulta difícil entenderlo desde el punto de vista europeo o americano, pero para los asiáticos el arte es la sutileza. Cuenta mucho más el proceso que el resultado final.

De esta forma, casi todas las expresiones artísticas anteriormente descritas necesitan movimientos repetitivos, para los que es necesario concentrarse muchísimo. Gracias a ellos, se puede llegar a hacer una meditación profunda.

No se trata de llevarse tan sólo por la técnica. La clave está en conectar con el inconsciente, de forma que los movimientos surgan de forma natural, sin que la mente los controle. Es en ese momento cuando se pueden llevar a cabo las verdaderas obras de arte. Algunos definen esta técnica como «el arte sin el arte». Otros creen que es una búsqueda de la inspiración divina. Sea como sea, lo cierto es que esta manera de entender la manifestación artística es muy diferente a la occidental. No se trata de una perfección técnica adquirida de forma consciente, sino de llegar a hacer los movimientos sin fijarse apenas en ellos. En algunos casos, por ejemplo, se pueden llegar a hacer con los ojos cerrados. Así uno se libra del mundo de las apariencias y se deja guiar completamente por su intuición, que es la que conecta con la naturaleza divina de cada uno.

ARTE SIN VANGUARDIA

Las manifestaciones artísticas japonesas están basadas, sobre todo, en la tradición. La innovación, la abstracción y, en general, las vanguardias, tienen un camino angosto que recorrer en una cultura que busca en el arte el equilibrio.

Por ello, la producción artística se convierte en un acto que no es tan sólo provechoso para el que la practica. En muchos casos, observar cómo se hace puede ser tan gratificante y elevado como llevarlo a cabo.

Desde este punto de vista, el Zen proporcionó un gran impulso a las manifestaciones artísticas. Es un paso más allá del arte religioso, que es lo que se conocía en Occidente. Se trata del arte como expresión de la religiosidad. De esta forma, el artista, el que puede observarlo o el que recibe su obra final, pueden desarrollar su misticismo interior. Por lo tanto, las obras de arte no son reconocidas por la técnica sino por la paz de espíritu que procuran.

LAS ARTES MARCIALES

Como ya se ha comentado, dentro de las expresiones artísticas también se consideran las artes marciales y algunos deportes, como el tiro con arco.

Este último caso no deja de ser curioso. El tiro al arco desde el punto de vista del Zen no es una técnica de puntería. Se puede conocer la técnica, pero nunca se llegará a mejorar si no se trasciende, si no se va más allá. Algunas tradiciones dicen que el verdadero tirador con arco es el que puede hacerlo con los ojos cerrados. El ejemplo es muy claro, no se trata de ver dónde esta la diana, sino de intuirla. Los sentidos están ya preparados para poder prescindir del mundo de las apariencias. Es la experiencia que busca la iluminación.

En el caso de las artes marciales, ocurre algo muy parecido. Los karatekas o practicantes de otras disciplinas responden con intuición a los movimientos de sus enemigos. Esto es muy importante, pues ya no tienen que esperar a ser atacados, disponiendo de un tiempo de reacción muy corto. Intuyen qué es lo que el rival va a hacer porque están «conectados» con la naturaleza última del universo y por tanto también con el oponente.

Por otra parte, también emplean algunas técnicas que proceden del budismo y del taoísmo. Principalmente, se busca emplear el mínimo de energía en cada movimiento a fin de conseguir el máximo impacto. Esta es una máxima de todos los budistas: no desperdiciar la energía, concentrarla en el objetivo que uno se ha fijado.

En el campo de las artes marciales el concepto que acabamos de formular resulta básico para entender muchas técnicas. Es vital cansarse lo menos posible y aprovechar al máximo la energía. Para ello, se reconduce, en muchas

La simpleza manifestada, el Zen en estado puro. En Occidente una estatua budista es una figura religiosa, pero para los seguidores del Zen se convierte, además, en un elemento metafísico.

ocasiones, la energía del rival. Se aprovecha la energía de sus movimientos para que rebote en su contra. El practicante es como una especie de escudo en el que rebota la fuerza de su adversario y es ésta y no él la que le hiere.

El propio concepto sirve para comprender que las artes marciales son interpretadas como una defensa, nunca como un ataque. De hecho, emplearlas para atacar supone exponerse a que esa energía empleada vaya en nuestra contra. Además, el Zen y el budismo están enfocados a que dejemos de sentir emociones que nos aten a este mundo y nos impidan acceder a un estado superior. La rabia sería un ejemplo perfecto de cómo apartarse de ese ideal. Si peleamos llevados por la ira, será imposible conectar con el subconsciente y la pelea dejará de tener sentido alguno dentro de la evolución espiritual.

Para algunos teóricos, las artes marciales dentro del Zen están exentas de cualquier carácter belicoso. Estos estudiosos mantienen que se podrían comparar a la ceremonia del té: consiste en un ritual de movimientos que se

---

EL MONASTERIO SHAOLIN

El Zen se ligó a las artes marciales porque uno de sus fundadores, como ya se ha comentado, se retiró al famoso monasterio shaolin. Cuentan que los monjes tuvieron que aprender a defenderse de los ataques de los bandoleros. Pero también hay quien explica que el Zen, en sus orígenes, estuvo vinculado a una de las escuelas más esotéricas del budismo. Gracias a ese conocimiento, se dice, los monjes llegaron a realizar movimientos que los humanos comunes y corrientes no podrían llevar a cabo. Estas leyendas son las que provocan que, en el cine asiático de acción, los personajes vuelen o sean capaces de hacer piruetas extraordinarias. Lo que desde un punto de vista occidental nos parece fantástico entronca con el imaginario asiático, con todas las leyendas e historias que han ido pasando de padres a hijos.

llevan a cabo gracias a la concentración y a la conexión con la naturaleza iluminada que todos poseemos. Sin embargo, algunos detractores mantienen que, evidentemente, las consecuencias de servir una taza de té no son las mismas que las de combatir. De cualquier modo, lo cierto es que el Zen es una de las filosofías más pacíficas que existen. El lado más espectacular de las artes marciales se ha hecho un lugar en el imaginario colectivo de millones de personas. Pero sin toda la filosofía que existe detrás, todo es una ilusión.

LA VIDA ZEN

Vista la filosofía zen, llega el momento de trasladarla a la vida diaria. ¿Cómo puede cualquier persona vivir según los parámetros zen? Como ya se ha dicho, no es necesario escapar del mundanal ruido e ingresar en un monasterio perdido. Los valores zen se pueden aplicar en nuestro día a día.

Pero también es cierto que para vivir siguiendo los parámetros de la filosofía zen no se puede ser utilitarista. Es decir, no se puede coger tan sólo aquello que nos gusta y utilizarlo en provecho propio. La meditación, por ejemplo, no es una forma de relajarnos porque llevamos una vida demasiado acelerada. Debería convertirse en una manera de comprender que ya de entrada no tendríamos que llevar un tipo de vida que no nos satisface y nos pone al límite de nuestras energías. Estaríamos haciendo un uso utilitario si lo que pretendiéramos fuera conseguir más energías para seguir llevando una vida en la que sólo prima la ambición por conseguir más bienes materiales.

El Zen nos invita, por tanto, a hacer una reflexión sobre el ritmo que llevamos y a entender que debemos cuidar nuestra espiritualidad desde una actitud más elevada. No es que no podamos tener un trabajo normal ni ganar dinero. Pero sí que deberíamos procurar aprender a poner todo esto en su sitio y a valorarlo en su justa medida. No es que tenga que desaparecer, simplemente tiene que ser colocado en el lugar que le pertenece, que no será nunca el principal.

SER Y TENER

Para poder aplicar el Zen a nuestra vida diaria debemos comprender que es mucho más importante ser que tener. Vivimos en una sociedad en la que es muy importante poseer. Consumir bienes sirve para conseguir un estatus. Pero ¿cuándo acaba esta ansia? No tiene fin, por tanto nunca estará satisfecha, y ello nos condenará a la infelicidad. Querremos obtener siempre algo más, pensando que así seremos más dichosos, pero eso no será nunca posible, pues no es una meta que se pueda alcanzar y procurarnos a su vez la paz.

Esta ambición por poseer nos impide ver lo esencial: no es importante tener sino ser. Cuanto más deseamos, menos somos, pues sacrificamos muchas cosas en pos de ideales que nunca acabamos de alcanzar.

La verdadera riqueza y abundancia es la que nadie puede robarnos, pues la llevamos en nuestro interior. Lo que pasa es que es también la más desconocida, la que menos cultivamos, la que más olvidamos. Y eso nos lleva a una pobreza de espíritu que no se puede equilibrar con la posesión de cosas externas.

Para poner un ejemplo clarificador, es algo parecido a lo que le ocurre a la gente que piensa que para solucionar sus problemas bastará con encontrar una pareja. Evidentemente, si se encuentra la pareja, ésta no resolverá las dificultades de base. De hecho, incluso es probable que la relación falle, pues le estamos pidiendo a la otra persona algo que no nos puede dar. Intentar encontrar fuera lo que no se tiene dentro es sinónimo de no sanear el interior, y mientras tanto se mantienen valores que nunca dependen de uno mismo.

El Zen abre la puerta del gran tesoro interior, que es el que debemos cortejar. En nuestra escalera a la iluminación, debemos ir subiendo peldaños poco a poco. Así podremos atesorar la riqueza más importante de todas: la de nuestra espiritualidad.

UN NUEVO MUNDO

Los practicantes del Zen siempre destacan que tras el conocimiento y la experimentación de esta filosofía, sus valores de vida sufrieron un cambio. Esto puede asustar a los que no conocen bien esta religión, pero para que nos entendamos, más que de un cambio se trata de una evolución. Conseguir la calma espiritual es uno de los pasos que más nos acerca a la felicidad, pues supone dejar de sufrir por cosas que no merecen la pena.

Pero aún no hemos conseguido responder a la pregunta del principio: ¿cómo compatibilizar esta filosofía oriental con la sociedad occidental en la que vivimos? La respuesta la hallaremos en la práctica continuada del *zazen*, la meditación que se explicará más extensamente en el siguiente capítulo.

Al llevar a cabo esta meditación, podremos ver las cosas desde un punto de vista completamente diferente. Si estamos sometidos al miedo, a los deseos, a la inseguridad o a la ambición, lo que nos rodea resulta demasiado grave y acaba convirtiéndose en un gran problema. En cambio, cuando somos capaces de relajarnos, podemos actuar con mucha más libertad y las cosas fluyen de forma mucho más natural.

Si lo hacemos así podremos desempeñar mejor cualquier trabajo, por citar un ejemplo de los beneficios. No estaremos sometidos a la tensión de darle demasiada importancia y lo desempeñaremos de forma más relajada y seguramente mucho más acertada.

El Zen es un camino que nos conduce a la lucidez y a la paz de espíritu. Por eso, desde esa tranquilidad, será mucho más fácil asumir cualquier reto que nos propongamos.

LA NECESIDAD DE UN MAESTRO

Para llevar una vida zen es imprescindible la presencia de un maestro. En el siguiente capítulo explicaremos la meditación, que en muchos casos se podría practicar por cuenta y riesgo de cada cual. Antes de poder llevar una vida de acuerdo a esta filosofía, es necesario, sin embargo, contar con alguien que nos asesore.

Como se ha explicado anteriormente, el Zen no tiene escrituras sagradas ni preceptos que seguir. Los conocimientos se han difundido durante siglos mediante la práctica oral, del maestro al discípulo. Y en la actualidad sigue haciéndose así.

El maestro nos ayudará a encontrar la postura adecuada, a hallar la respiración idónea, a diluir las inseguridades que en un principio podamos tener. Después, seremos capaces de seguir también con la práctica en nuestra casa. Pero es imprescindible que contemos con un maestro a quien recurrir. Éste sabe valorar las actitudes de sus alumnos y sacar lo mejor de cada uno de ellos. Conoce cómo ayudarlos en cada caso, dependiendo de los problemas que tengan que superar.

Se trata de una relación muy especial, pues no debemos entender al maestro zen como un profesor en el

EL GUÍA ESPIRITUAL

El maestro zen es un guía espiritual en el sentido más amplio de la palabra. Es el que ayuda a cada alumno a encontrar la llave para abrir su mundo espiritual, sin ser nunca un gurú o un predicador. La mayoría suelen ser parcos en palabras o emplean metáforas que el alumno debe aprender a interpretar.

sentido tradicional de la palabra. El maestro zen tal vez no le dé a su discípulo muchas indicaciones, pues no quiere que intelectualice su discurso. Intentará comunicarse directamente, a través de su cuerpo, de su mente, de sus necesidades. Es bastante extraño que un maestro zen dé sermones o conteste a las incesantes preguntas que tienen los «novatos». Su método es otro, mucho más sutil, que ayudará a despertar la conciencia de sus pupilos.

EL ZEN Y LA SALUD

Se ha dicho en muchas ocasiones que los practicantes de la meditación *zazen* sienten una mejoría en su estado de salud. ¿Hasta qué punto es cierto? ¿Está demostrado científicamente? La respuesta a estas dos preguntas que se desarrollarán en todo el texto es que sí.

En muchas ocasiones se han atribuido estas mejoras físicas al poder de sugestión. Algunos han creído que el Zen provocaba un efecto placebo en los que lo practicaban. Otros consideraban que dedicar un tiempo al día a descansar era beneficioso, independientemente de que se invirtiera o no en la práctica de la meditación *zazen*.

Pero recientes estudios han demostrado que no se trata de sugestión ni de simple relajación. Como se verá en el siguiente capítulo dedicado a la meditación, está científicamente demostrado que la postura que se adopta para la meditación así como la desaceleración en la respiración ofrecen efectos muy saludables sobre nuestro organismo.

Esto no implica que el Zen sea una fórmula mágica ni que arregle cualquier problema de salud. Pero lo cierto es que su práctica continuada aleja muchos trastornos y permite llevar a cabo un día a día mucho más sano.

El primer efecto reseñable es la ausencia de estrés. Como se ha dicho, el Zen consigue que cuerpo y mente logren una gran relajación, no tan sólo durante la meditación, sino posteriormente. El estrés es una de las principales fuentes de problemas del mundo occidental, por lo que apartarlo supone una mejor calidad de vida y un riesgo inferior de padecer las enfermedades derivadas del mismo.

Pero ahí no queda todo. Varios médicos de universidades japonesas y estadounidenses han examinado a varios practicantes de *zazen* y han analizado los efectos que la meditación tiene sobre el cuerpo humano.

El control de la respiración que se consigue mediante el *zazen* calma el ritmo cardíaco y regula la circulación. Es harto difícil que un practicante zen tenga, por ejemplo, la tensión alta. Se ha de tener en cuenta que esta enfermedad es la causa de muchas complicaciones que pueden incluso desembocar en casos graves de trombosis o de derrames cerebrales.

La espiración profunda que se lleva a cabo durante la meditación sirve para liberar a los pulmones del gas carbónico que habitualmente se queda encerrado en ellos. De esta forma, se evitan complicaciones pulmonares de todo tipo: desde tumores hasta enfisemas. Éstos son efectos a largo plazo; a corto, volvemos a la sensación de paz. El aire estancado en los pulmones produce en muchas ocasiones una sensación de opresión que desemboca en el nerviosismo y en la ansiedad.

Por otra parte, también se ha demostrado que el *zazen* baja el grado de ácido láctico en la sangre. Éste es el responsable de la agresividad y, en algunas ocasiones, de un baile hormonal que nos desestabiliza el sistema nervioso.

Por último, la relajación corporal y el estiramiento de la columna vertebral sirven para combatir los problemas de espalda y las contracturas musculares en general. No se trata tan sólo del ejercicio que se lleva a cabo durante la meditación. La clave es que el cuerpo, gracias a esta práctica, aprende las posturas que le blindan contra este tipo de lesiones. De esta forma, igual sin darte cuenta, mientras estás delante del ordenador adoptas una postura mucho más saludable para tu columna. Esto es importantísimo, pues casi el 90 por ciento de la población del primer mundo padece molestias en la espalda.

ENSEÑANDO AL CUERPO

El cuerpo aprende tanto como la mente, pero no estamos acostumbrados a enseñarle cosas nuevas. Así como intentamos agrandar los conocimientos de nuestro intelecto, deberíamos hacer lo propio con nuestro organismo. Eso es precisamente lo que hace el Zen, y por ello tiene tantos beneficios para nuestra salud. Aprendemos las posturas y la respiración más beneficiosas y así conseguimos muchas mejoras en nuestro organismo.

En la actualidad, la Universidad de Columbia, en Nueva York, está llevando a cabo un interesante estudio sobre el flujo sanguíneo en el cerebro de las personas que practican *zazen*. Hasta ahora se había demostrado que era mucho más profundo, pero hasta el momento no se sabían los beneficios concretos que esto podía conllevar. Algunos de los investigadores apuntan que podría servir para prevenir enfermedades como la demencia senil o el mal de Alzheimer. De todos modos, de momento, se trata de hipótesis que podrían confirmarse en los años venideros.

De todas formas, se ha de tener en cuenta que todos estos beneficios son colaterales. La función del zen no es curar, pero su práctica habitual puede mejorar las condiciones de nuestro organismo.

UNA CUESTIÓN DE CREATIVIDAD

En la publicidad, en el cine, en el arte, en la política, nuestra sociedad afirma valorar la creatividad, pero lo que presuntamente nos parece creativo es en muchos casos la repetición sistemática de ideas y conceptos. Nos parece que sólo los genios pueden ser capaces de crear obras diferentes, rompedoras, que cambien la forma de pensar de los que las observan. Y creemos también que sólo aquéllos que se dedican a áreas que consideramos artísticas tienen derecho a dar rienda suelta a su creatividad.

La filosofía zen rompe completamente con esta concepción. Para empezar, cualquier trabajo puede ser creativo. Sólo depende de la forma en la que se lleve a cabo. En Occidente nos empecinamos en creer que sólo hay una forma de hacer las cosas, porque tenemos una visión parcial del mundo. Sin embargo, la persona verdaderamente creativa es la que es capaz de ver más allá y propone soluciones diferentes: desde cómo grapar un documento —por poner un ejemplo— hasta concebir un edificio arquitectónicamente innovador. Así pues la creatividad no es, desde el punto de vista del Zen, un monopolio de los artistas. Se puede aplicar a cualquier parcela de nuestra vida y a cualquier tipo de trabajo.

La otra idea preconcebida que tenemos es que sólo los genios pueden ser verdaderamente creativos. El Zen acaba también con esta ley no escrita. Cualquiera puede ser un genio. La fórmula es acceder a un conocimiento superior, que está muy por encima de nuestra identidad (porque ¿qué es la identidad sino una ficción?). Si somos capaces de llegar a esa fuente de energía, la creatividad surgirá de forma espontánea, sin necesidad de forzarnos.

La meditación *zazen* nos ayuda a potenciar nuestras habilidades manuales (como ya se ha explicado en anteriores capítulos). Con ella, podemos realizar muchísimas cosas guiándonos por nuestra intuición y ser mucho más creativos tanto en la vida diaria como en las grandes empresas que nos propongamos realizar. Nuestra meta radica en no obsesionarnos, sino dejar que todo fluya de forma natural. Nosotros sólo somos los receptores de un conocimiento más amplio. Hay un dicho del maestro Dogen que reza así: «Mantened las manos abiertas, toda la arena del desierto pasará por vuestras manos. Cerrad las manos, sólo obtendréis un puñado de arena». La metáfora es clara: sólo tenemos que dejar que las cosas ocurran, notar las sensaciones que despiertan en nuestro cuerpo y dejarnos guiar por nuestra intuición, a la que habremos despertado gracias a las técnicas *zazen*.

LA INSPIRACIÓN

En el caso de la creatividad, se repiten todos los parámetros ofrecidos hasta ahora para solucionar un problema. Cuando queremos ser realmente originales, es fácil enfrascarse en buscar fórmulas, y eso sólo genera más ansiedad, duda y desazón. Sin embargo, cuando intentamos abordar la cuestión desde la paz de espíritu, las soluciones aparecen de forma mucho más fluida.

LA PSICOLOGÍA ZEN

Los principales conceptos zen nos pueden resultar a priori muy complicados. Sin embargo, son muy parecidos a los que sirvieron de base para la psicología moderna. De hecho, todas las teorías de Jung están de algún modo relacionadas con la filosofía zen. Jung hablaba de técnicas que permitían acceder al inconsciente colectivo, que es donde se encontraba algo así como la información cósmica. Para ello, uno tenía que superar las barreras de la percepción tradicional, dejarse llevar por el inconsciente. Métodos como la hipnosis podían posibilitar el acceso a esa información.

Los planteamientos del Zen y de la psicología junguiana o analítica son semejantes, aunque ambos difieren en el método y los objetivos. Jung recoge la idea de que existe un inconsciente colectivo y por tanto nuestra identidad puede ser una ficción más. Se trata, por lo tanto, de llegar a suprimir la separación que hemos creado artificialmente con la identidad para acceder a un conocimiento superior.

Freud siguió con esta concepción al hablar de consciente e inconsciente. De todas formas, en todas estas teorías que mantenían razonamientos próximos al Zen se olvidaba completamente la experiencia espiritual, que es la base de esta filosofía.

Muchos opinan que la aproximación de la psicología moderna constituyó una forma científica de tratar la misma teoría y de hacer que la corriente imperante de racionalismo abriera las puertas a un pensamiento que por falta de pruebas empíricas bien podía haber sido rechazado de inmediato.

Con el tiempo, las teorías junguianas y freudianas han caído en desuso o como mínimo han sido puestas en cuestión. Sin embargo, cada vez hay más psicólogos que buscan en el Zen un enfoque que pueda ayudar a sus pacientes.

PSICÓLOGOS BUDISTAS

Muchos estudios demuestran que entre los budistas existen menos problemas psicológicos que entre el resto de la población que no profesa este culto. Naturalmente, esta relación ha llevado a algunos investigadores a analizarla para intentar reproducirla. La mayoría de ellos han llegado a la conclusión de que en esta religión no existe el complejo de culpa ni el concepto de pecado, lo que hace que sus seguidores no estén tan expuestos a tener remordimientos que crean ansiedad. No hay que deducir que «todo vale», sino que las decisiones se han de tomar para ser felices sin dañar a nadie. Tener culpabilidad es una forma de hacernos daño a nosotros mismos.

En un principio, muchos profesionales de la psicología se acercaron a esta filosofía gracias a la meditación, que sin ninguna contraindicación resultaba altamente recomendable para todo tipo de pacientes.

Ahora, sin embargo, los especialistas señalan que algunos psicólogos están intentando adoptar técnicas zen y ahondar cada vez más en esta filosofía para encontrar la raíz del dolor humano.

En las últimas décadas, los avances de la psiquiatría han creado todo tipo de fármacos que pueden regular todas las hormonas conocidas capaces de incidir en nuestro ánimo. Pero ello no ha solucionado buena parte de los problemas psicológicos y psiquiátricos. En la civilización occidental cada vez hay más casos de desórdenes de este tipo. Por ello, existe por primera vez una gran aceptación frente a la posibilidad de buscar remedios más allá de las fronteras del mundo científico.

Aún no se puede cantar victoria: no significa que psicología y religión acaben dándose la mano. Pero los estudiosos creen que muchos de los valores zen están calando en algunos especialistas, que intentan explicar a sus pacientes que más allá de sus problemas puntuales hay otro modo de ver la vida. Este proceso se encuentra aún en sus inicios y será largo. Pero, de todas formas, no sería de extrañar que pronto empezara a dar sus frutos. Hace unos años, nadie podía siquiera concebir que la hipnosis, la homeopatía o las flores de Bach iban a formar parte de las recetas que podía prescribir un facultativo.

LOS MANDAMIENTOS ZEN

Pese a que no existe el concepto de pecado, casi todas las comunidades zen asumen una serie de compromisos, como unos mandamientos que se juramentan que seguirán. Se trata de una elección libre y no se juzgará a nadie que, fuera de esa comunidad, realice los actos «prohibidos». Son compromisos que surgen de forma natural, como la única manera de encontrar la auténtica felicidad.

Como se verá, son muy parecidos a los principales mandamientos cristianos, la diferencia es que no son una obligación sino una opción vital que nos ayudará no a ser más buenos, pero sí a ser felices (no desde el punto de vista de este mundo, sino de la felicidad que se halla cuando conseguimos la iluminación).

Se ha de tener en cuenta que estos preceptos son elegidos por cada comunidad. No hay una ninguna escritura que les obligue a cumplirlos. En muchos casos, son una declaración de intenciones para que los habitantes del lugar donde realizan su actividad conozcan las bases de su pensamiento. Por ello, pueden variar dependiendo de dónde se encuentran.

A continuación repasaremos las principales normas que están consensuadas por la mayoría de las escuelas y las analizaremos para comprender todo su significado.

NO MATAR

Es el principio básico pues todos formamos parte del mismo universo, compartimos la misma «energía cósmica», pues en verdad somos un todo que se ha separado artificialmente mediante la creación de ficticias identidades. Por ello, dañar a otro es dañarnos a nosotros mismos. Esta es la razón por la que en algunas escuelas no pueden matar animales, e incluso se niegan a comerlos, adoptando el vegetarianismo. Pero no es una norma fija. Uno no puede inflingir dolor ni muerte a un animal, pero puede, si así lo desea, comprar carne de animales que han matado otros. En consecuencia, para ser seguidor zen, sobre todo si no se vive dentro de un monasterio, no es obligatorio ser vegetariano. Lo de no matar animales también vale para los insectos. Un practicante zen no debería intentar aniquilarlos de ninguna forma.

Este precepto va más allá de simplemente no acabar con otras vidas. Significa, también, respetar la vida, defenderla, hacer lo posible para evitar todo tipo de sufrimiento entre los que nos rodean.

NO ROBAR

Ésta es una regla lógica. Como explicábamos al principio, la ambición es la fuente de insatisfacción, pues nunca tendremos todo lo que nos gustaría y ansiarlo hace que descuidemos nuestra espiritualidad, que es mucho más valiosa.

Es un resultado lógico que abunden las comunidades zen cuyos miembros juren no robar, porque además de causar sufrimiento a los demás, va en detrimento del ladrón.

Esta máxima también se aplica a cualquier actividad en la que se pueda cobrar más por algo que cuesta menos. Por ello, las comunidades zen son especialmente escrupulosas a la hora de fijar los precios de los objetos que venden y a la hora de realizar la contabilidad de las donaciones que reciben.

Pero no robar también se aplica a la naturaleza. Los recursos de la Tierra se han de emplear de forma respetuosa y ecológica. Cualquier abuso en este sentido es interpretado como un robo y supone los mismos problemas que sustraer las riquezas de alguien.

NO MENTIR

Las mentiras y los chismes son fuente de dolor y por tanto los miembros de una comunidad zen se abstienen de incurrir en ellos. Los practicantes del zen buscan acceder a la verdad suprema que es la iluminación. Por ello, las mentiras obstaculizan este camino.

Dentro del concepto de no mentir está también el de decir la verdad, el de ayudar a quien lo necesita a encontrar el camino de su espiritualidad. Los budistas nunca hacen proselitismo, pero ayudan a todos aquellos que lo piden a acabar con la ignorancia y dar con la verdad que les librará del dolor.

NO TENER UNA VIDA SEXUAL INADECUADA

Volvemos al mismo principio: no hacer daño. Tener relaciones con alguien casado, por ejemplo, puede hacer sufrir, por lo que debemos evitarlo. También se reniega de toda práctica que suponga explotación sexual como la pornografía o la prostitución.

La idea básica es que el sexo es una demostración de amor hacia los demás y no de satisfacción propia. Cuanto más das, más tienes.

NO ABUSAR DEL ALCOHOL NI DE LAS DROGAS

El estado de conciencia que se consigue con el Zen es superior al habitual. Por ello, para tener la mente y el cuerpo preparados, no se deben cometer abusos.

Por otra parte, perder el dominio de uno mismo puede llevar a cometer actos que causen dolor en los otros. Por ello, no se debe nunca abusar de estas sustancias. El alcohol en algunas comunidades de monjes está prohibido. Sin embargo, existen otras que son más permisivas, sobre todo con los practicantes, siempre y cuando no rebasen nunca el límite de la embriaguez.

TIEMPO Y DEDICACIÓN

Es muy difícil establecer normas concretas sobre el tiempo que debería dedicarse a la meditación zen. Deberíamos intentar practicarla en casi todas las actividades diarias, pero el *zazen*, es decir, sentarse para meditar, requiere su tiempo.

Lo mejor sería que habláramos con el maestro sobre la disponibilidad horaria con la que contamos, sobre lo que queremos lograr y sobre cómo deberíamos invertir nuestro tiempo.

Lo recomendable es empezar a acudir a una escuela zen, fijar una serie de días a la semana que nos permitan empezar a conocer esta filosofía y notar las mejoras que obra en nosotros. De todas formas, casi siempre se recomienda que diariamente se dedique algo de tiempo a esta práctica. Los especialistas dicen que menos de diez minutos resulta totalmente inútil, mientras que otros creen que se tendría que llegar, como mínimo, a los veinte. A partir de aquí, se deberían seguir las normas que marque cada maestro.

LA PACIENCIA CONDUCE HACIA LA ILUMINACIÓN

Muchos practicantes occidentales de Zen suelen ser demasiado impacientes. Esperan obtener resultados rápidamente y, al no conseguirlos, se frustran. Esto va en contra de todos los principios del Zen. No se puede ser utilitarista y esperar conseguir algo a cambio. Uno simplemente se ha de relajar, seguir las instrucciones y esperar.

Lo más importante, por encima de la duración, es practicarlo casi a diario. Ocurre lo mismo que si estuviéramos entrenando nuestro cuerpo, por lo que necesitamos voluntad y perseverancia para conseguir notar los resultados que se traducirán en la paz de espíritu.

Y como ya se ha comentado, no sólo es importante tener cierta regularidad en la meditación *zazen*. También es básico intentar aplicar los conocimientos adquiridos en labores que nos pueden parecer rutinarias. Cuando pase esto, deberíamos intentar tener una postura correcta y un estado mental parecido al que alcanzamos durante la meditación. Al principio, esto parece muy difícil, pero con la práctica continuada nos saldrá de modo natural y espontáneo.

LA MEDITACIÓN ZAZEN

Sin lugar a dudas, la práctica más conocida de todas en el Zen es la meditación. Ahora que ya comprendimos la filosofía, llega el momento de saber los métodos que nos pueden llevar a ese ansiado estado *zen*, que nos procurará tanto la iluminación como la paz de espíritu.

La meditación, según hemos comentado, es una práctica oriental anterior al budismo. De hecho aparece en casi todas las religiones orientales. En algunos casos, iba relacionada con el ascetismo más severo. Muchos monjes lo veían como una forma de traspasar los límites del cuerpo y acceder a un estado superior. Por ello, además de privarse de la ingesta de alimentos, también podían llegar a estar durante horas en posiciones realmente incómodas. La finalidad era dejar de prestarle atención al cuerpo y poder liberarse de sus constreñimientos.

Sin embargo, Buda rompió sus votos de asceta al tomar unas gotas de leche justo antes de obtener la iluminación. Y siguiendo su estela, el budismo abandonó el camino del sacrificio y la mortificación. La meditación no debía ser un castigo para el cuerpo, sino una forma de encontrar verdades supremas. Es cierto que es imprescindible la concentración, pero ésta no debe suponer ningún tipo de mortificación.

El Zen toma su nombre de la meditación *zazen*, que es el camino hacia la iluminación. Así que Zen y meditación van indisolublemente unidos. Muchos son los que se acercan a esta filosofía de vida porque han practicado la meditación en alguna escuela y han sentido la necesidad de conocer más sobre ella. Y es que la meditación zen, bien realizada, procura una paz de espíritu increíble. En un principio puede parecer que dejar la mente en blanco es una pérdida de tiempo. Pero es todo lo contrario, pues al relajarla es cuando verdaderamente se pueden ver claras las cosas. Con esa energía se consiguen muchos logros; desde tomar las decisiones correctas hasta alcanzar la iluminación. Pero lo más importante es que todo el proceso conlleva una gran tranquilidad y el cese de tensiones internas para el que lo practica.

LA PERIODICIDAD DE LA MEDITACIÓN

Se recomienda meditar al menos una vez al día. Si no tenemos demasiado tiempo, podemos dedicarle tan sólo diez minutos o un cuarto de hora. De esta forma, no se corre el peligro de perder la costumbre. Esto es muy importante, pues las mejorías se empiezan a experimentar cuando se lleva ya cierto tiempo practicando la meditación. De todas formas, uno tampoco se tiene que agobiar y, si un día no puede, tampoco pasa nada. Lo importante es no dejarlo durante demasiado tiempo.

Por ello, vamos a describir a continuación los principales pasos a seguir para practicar la meditación *zazen*.

EL LUGAR

La meditación ha de ser algo continuado, por lo que tendríamos que tener un espacio en casa dedicado a esta actividad. No importa que sea tan pequeño como un cuarto trastero, pero debería ser un espacio que no se emplee para otra cosa. Las razones son obvias: por una parte, nos costará mucho más ser constantes en la meditación si supone cada día mover muebles y acondicionar el entorno hasta dejarlo agradable. Por otra, hemos de crear un rincón que genere paz, que no esté contaminado, por decirlo de algún modo, con el resto de las actividades que se llevan a cabo en la casa.

Una característica indispensable es, pues, que meditemos en una habitación silenciosa. Resulta muy difícil concentrarse, sobre todo al principio, por lo que cualquier ruido puede fácilmente despistarnos y hacer que sea mucho más difícil de lo que en realidad es. Algunos practicantes de *zazen* recomiendan acolchar las paredes, si nos hallamos en un cuarto especialmente ruidoso, para aislar los sonidos externos. Todos estos consejos son de gran importancia, pero a veces son difícilmente aplicables a la vida diaria y a los reducidos pisos de hoy en día. Por ello, en caso de no poder encontrar un lugar a salvo de intromisiones acústicas, se puede optar por realizar la meditación en las horas más calmadas del día. Madrugar, por ejemplo, es una buena fórmula. Además, la meditación por la mañana aporta paz durante todo el día. De todos modos, dependerá del horario de cada uno. Hay gente más diurna y otra que es más nocturna. El objetivo a alcanzar es encontrar una hora en la que haya el mínimo ruido posible a nuestro alrededor, siguiendo a tal fin nuestro ritmo natural.

En la luz recae otro factor de gran importancia. Algunas escuelas aconsejan que no haya luz y se haga totalmente a oscuras, pero el Zen recomienda que se encuentre un espacio ni muy luminoso ni muy oscuro, en una agradable y ambigua penumbra. Demasiada luz podría deslumbrarnos; demasiada oscuridad puede ser, en ocasiones, angustiosa. Por tanto, se trata de encontrar un equilibrio. Este punto también puede ser muy personal. Ciertas personas se sienten cómodas con los rayos de sol colándose por su ventana, mientras otros pueden tomárselos como una agresión a su vista. Hace falta buscar un punto intermedio en el que uno no se duerma pero tampoco se deslumbre.

La temperatura es otro aspecto a tener en cuenta. Busquemos para la habitación una temperatura media, de modo que el practicante no sienta ni frío ni calor. Al fin y al cabo, vamos a permanecer en la misma posición un rato, y no es bueno que el calor o el frío puedan incomodarnos.

Estas sensaciones pueden provocar que uno se despiste y haga más caso a su cuerpo que a su espíritu, sobre todo cuando se empieza a practicar la meditación. Y tampoco debería haber aparatos eléctricos de ningún tipo en la habitación. Por ello, si la estancia no tiene la temperatura adecuada, se puede emplear una estufa antes de llevar a cabo la meditación, pero deberá sacarse cuando ésta empiece. Muchos maestros recomiendan que nunca se instale un aparato eléctrico en la habitación destinada a la meditación, aunque no sea en las horas en que se utiliza el espacio, pero lo cierto es que es mejor tener una temperatura idónea que permita la concentración antes que ser excesivamente purista con esta cuestión.

Y, por favor, que la habitación sea sobria. Imaginémonos una estancia japonesa, con ese minimalismo que impera en la decoración: pues así debería ser nuestra estancia. Ahorrémonos los muebles; las paredes deberían ser blancas. Y, por encima de todo, limpieza. Esta estancia debe estar siempre muy limpia. Esto servirá para que nos podamos concentrar mejor, pero también para que no existan problemas de higiene. La respiración *zazen* es mucho más profunda que la normal y nos lleva a aspirar ácaros del polvo. Por ello, hemos de evitar que se acumule suciedad en la estancia.

Los templos del Zen, a diferencia de los budistas, persiguen la simpleza.

Los maestros *zazen* recomiendan montar un pequeño altar en el centro de la habitación. Sobre él, como sugerencia, podríamos poner la imagen de un Buda, de un Bodhisattva o de un santo. Esta imagen serviría para apartar a los malos espíritus. Es importante entender qué significa «malos espíritus»; en principio, no se trata de demonios tal y como se conocen en el catolicismo o de espíritus venidos de otra dimensión en plan *poltergeist*. Los demonios, dentro del budismo, sólo intentan despistarnos para que no alcancemos la concentración necesaria. De hecho no dejan de ser otro modo de visualizar la imagen de la desconcentración. Así resulta más fácil combatirla.

En el altar se pueden poner algunas ofrendas que sirvan para honrar la imagen y dar un ambiente de paz todavía mayor a la estancia. Por ejemplo, es habitual colocar flores, como símbolo del contacto con la naturaleza. También se puede quemar incienso, ya que sus fragancias suelen ayudar a la concentración y dan la sensación de estar en un lugar de culto. Y, como en otras religiones, las velas ayudan a crear una atmósfera de serenidad, respeto y trascendencia.

ESCOGER LA FIGURA

Si practicamos el Zen por nuestra cuenta, tendremos que encontrar un buda que nos inspire, que nos produzca cierta sensación de paz. Si acudimos a una escuela, será mejor que escojamos uno entre los que allí se encuentran, pues son los que han inspirado a nuestros maestros.

Se trata de honrar a Buda para conseguir que éste nos proteja y logre que la paz reine en todo el lugar. En cierta forma, consiste en conseguir que su halo llene cuanto nos rodea.

Si se siguen todas estas especificaciones, la sala se puede convertir en un auténtico *dojo*, un lugar que tiene una dimensión espiritual. ¡Pero no nos obsesionemos! El practicante no debe nunca obcecarse porque el lugar escogido no sea tal cual como lo describimos. Lo importante es que siga a grandes rasgos las directrices marcadas y convierta la habitación en un espacio que invite a la meditación.

EL INICIO DE LA MEDITACIÓN

Una vez se ha acomodado el espacio para la meditación, es muy importante conocer los rituales necesarios para convertir la meditación en un momento de gran espiritualidad.

Para empezar, el practicante debe entrar en silencio en la sala. Antes de acceder a ella, se recomienda que se haya descalzado. De esta forma, tendrá más contacto con la superficie y además no contaminará el suelo con sustancias que nos recuerden el día a día. Se recomienda emplear ropa muy cómoda. Las batas o los kimonos están entre las prendas más aconsejadas, pero también puede emplearse cualquier tipo de ropa que no nos constriña y con la que nos sintamos relajados y a gusto. Los más puristas recomiendan emplear tejidos naturales, pero este punto no es imprescindible.

Si practicamos en una casa con más de una persona, cada una deberá tener un lugar asignado. En él tendrá el *zazu* (el cojín *zazen*) o el *zafutón* (una especie de estera o almohada plana). Puestos a elegir, aconsejaríamos un *zazu*, que además de ayudar a encontrar la posición con más facilidad, también es el más venerado dentro del culto zen. Se considera que el *zazu* es el asiento del Buda. El Buda Shakyamuni fabricó uno con hojas secas antes de alcanzar la iluminación. El *zazu* tiene que ser tratado con respeto, nunca se puede desplazar mediante patadas ni se puede lanzar por los aires.

Cuando el practicante llega a la sala, debe mostrar su honra al *zazu*. Lo hará juntando las palmas por encima del pecho y realizando un gesto de veneración. Tendremos que bordear el *zazu* por la izquierda y nos colocaremos en posición de sentarnos sobre él.

Este movimiento también es muy importante. Debemos sentarnos de forma pausada, sin dejar caer todo el peso y sin precipitación. El *zazu* está especialmente diseñado para que consigamos la postura perfecta en la meditación, ya que ayuda a bascular la pelvis y permite apoyar las rodillas en el suelo.

Nuestra espalda debe quedar erguida y nos debemos sentar justo en el centro del *zazu*, ni a la derecha ni a la izquierda, ni muy atrás ni muy adelante. Las piernas deben estar cruzadas. Dependiendo de cómo las crucemos estaremos llevando a cabo la postura del Loto o del medio loto. Lo más importante es que las rodillas se apoyen en el suelo y que las nalgas estén bien asentadas en el *zazu*.

Una vez hemos tomado esta posición, deberemos estirar al máximo la columna vertebral, alargar la nuca y recoger la barbilla. Al principio, puede parecernos que esta postura es un poco forzada. Pero no es así. Es la mejor forma de sentarnos, lo que ocurre es que hemos adquirido muchos vicios posturales que nos llevan a pensar que otras posiciones muy poco recomendables para nuestra columna vertebral resultan más placenteras. Con un poco de práctica notaremos los beneficios de esta postura. De hecho, si cuando caminamos intentamos bascular la pelvis y estirar la columna, muchos de los problemas de espalda que habitualmente sufrimos desparecerán.

Llega el momento de colocar las manos. Los dedos pulgares se introducirán dentro de los puños y éstos se apoyarán sobre las rodillas, mirando hacia arriba.

Antes de empezar, tenemos que estar completamente seguros de que nuestra columna vertebral está recta. Existe un ejercicio que nos ayudará a conseguirlo. Se trata de balancearse de derecha a izquierda. Al principio la distancia será grande, pero poco a poco el balanceo será más corto. Así, siguiendo el movimiento del péndulo, llegaremos a nuestro centro de gravedad. Bastará con repetir el balanceo unas ocho veces.

SIN PRISAS

Es básico, sobre todo al principio, tomarse el tiempo necesario para adoptar esta postura. No nos tenemos que impacientar. Se trata de ir probando, de tomar conciencia de nuestro cuerpo para luego poder olvidarnos de él.

Es muy importante encontrar una buena pose para meditar. Es probable que en un principio afloren ciertos problemas o dudas. Sin embargo, con la práctica habitual éstas se irán disipando poco a poco y formarán parte de un ritual que realizaremos de forma casi automática.

LA POSTURA

Una vez que estemos seguros de haber tomado asiento de forma adecuada, deberemos unir las palmas a la altura del plexo solar e inclinarnos un poco hacia delante, como haciendo una pequeña reverencia. Cuando juntemos las palmas deberemos inspirar por la nariz, y al inclinarnos sacaremos lentamente el aire por la boca.

Al inspirar de nuevo, volveremos a la posición vertical. Entonces, recolocaremos las manos de la siguiente manera: deben estar con los pulgares tocándose suavemente y formando una línea horizontal. Si estamos adoptando la postura adecuada, las manos quedarán apoyadas en los talones de los pies. La posición de las manos es muy importante. En muchas ocasiones, notaremos que cuesta aguantarla, pues el tono muscular es insuficiente. Sin embargo, este problema se superará fácil y rápidamente con un poco de práctica.

Antes de empezar la meditación, lo que equivale a decir antes de quedarnos totalmente inmóviles, deberemos vaciar los pulmones del aire viciado. Para ello inspiraremos fuertemente por la nariz y espiraremos por la boca, hasta notar que ya no nos queda oxígeno. Repetiremos este tipo de respiración unas tres veces. Después de ello, nos quedaremos inmóviles y respiraremos por la nariz suavemente y en silencio.

EL AIRE LIBERADOR

Es importante, en las últimas respiraciones, notar que cuando expulsamos el aire, todo el cuerpo se relaja, como si nos liberaramos de todas las tensiones. De esta forma, nos iremos también encontrando cada vez más cómodos con la postura que adoptamos.

Estamos preparados para meditar. Ahora viene el trabajo más introspectivo e importante de todo este proceso.

LA RESPIRACIÓN

El ritmo respiratorio es básico en el Zen y es el punto que más dudas provoca. Cuando nos ponemos a pensar en la forma en la que debemos respirar, no sabemos cómo hacerlo. Es como si este acto involuntario se convirtiera en un enigma insondable.

Como se ha comentado, lo mejor es empezar inspirando por la boca y espirando por la nariz. Después, pasaremos a una aspiración completamente nasal, en la que tendrá especial importancia la espiración, que deberá ser lenta y profunda.

De todos modos, si seguimos teniendo problemas para controlar nuestra respiración, lo mejor será primero pararse a observarla. Antes de forzarnos a respirar de un modo concreto, deberíamos saber cómo lo hacemos. Ésta es la única forma de llegar a tener una respiración correcta dentro de la meditación zen.

El problema radica en que observar la respiración no es tan fácil como parece a simple vista. Muchos practicantes novatos piensan que basta con conocer el ritmo respiratorio. Pero no es así. También tendremos que estar pendientes de todos los órganos que empleamos durante la respiración.

A grandes rasgos, existen tres tipos de respiración y deberemos saber algo de ellos para identificar en qué grupo se inscribe la nuestra.

PULMONAR

Es la menos profunda de todas, pues actúa a un nivel muy superficial. La inspiración es mucho más importante que la espiración. Se emplean, sobre todo, la caja torácica y los músculos pectorales. Normalmente es propia de personas nerviosas, que se excitan con facilidad. Aporta muy poca tranquilidad y en momentos de crispación puede acelerarse aún mucho más.

DIAFRAGMÁTICA

En este caso es como si el aire llegara más adentro y también se expandiera por los lados. Resulta más profunda por la presión que ejercen los músculos sobre la caja torácica, vaciándola un poquito más que con la pulmonar. Esta respiración supone también cierta relajación de los músculos dorsales.

ABDOMINAL

Esta es la respiración más profunda y más saludable para nuestro cuerpo. Provoca una especie de oleaje, que hace que la presión sobre la caja torácica llegue al diafragma y de ahí a los abdominales. Cuando respiramos así vaciamos completamente los pulmones, por lo que la aspiración es mucho más importante que la inspiración. Con la práctica, esta respiración puede hacerse llegar al bajo vientre. Esto es lo que en zen se llama *Hara*, que significa «océano de energía» en japonés.

Esta última es la respiración hacia la que deberíamos tender, sobre todo durante la meditación zen. Pero respirar es un proceso y debemos comprender todos sus mecanismos. En muchos casos se cree que basta con que el movimiento llegue al abdomen. Para ello, a veces, se aconseja que pongamos la mano sobre el mismo y notemos que se hincha en cada respiración. De esta forma, seguramente, estamos consiguiendo que el aire circule hasta esa zona, pero no estamos llevando a cabo una correcta respiración diafragmática. Si el diafragma está contraído y hacemos que el aire pase a través de él, estamos forzando un proceso antinatural para nuestro cuerpo, que se revelará de alguna forma, dificultando la concentración que nos proponemos alcanzar.

Por ello, debemos ser conscientes de cómo interviene cada músculo en la respiración y aprender a relajarnos poco a poco para conseguir que sea realmente profunda. Buscamos lograr, de forma natural, una aspiración cada vez más profunda. De hecho, la aspiración aporta gran energía en la cintura, las caderas y los riñones. Por eso resulta de gran importancia en la práctica de las artes marciales.

Para llegar a esta respiración de forma natural podemos visualizar las olas del mar. Su cadencia marca el propio ritmo del universo, que es el que tendría que llegar a adoptar nuestro aliento. Pero es muy importante que surja espontáneamente, sin hacer grandes esfuerzos.

Según el Zen, el aire es la energía del universo. Según los médicos es la función básica que nos otorga la vida. Es, por tanto, un acto mucho más importante de lo que imaginamos y debemos otorgarle la atención que se merece.

EL AIRE ES VIDA

Este tipo de respiración aumenta la energía de todo nuestro organismo. Al principio, parece difícil que podamos seguir llevándola a cabo fuera del tiempo dedicado a la meditación. Pero, si somos constantes, cada vez más la iremos adoptando casi sin darnos cuenta.

EL ESTADO DE CONCIENCIA

Los maestros del Zen recomiendan que no se piense absolutamente en nada, que se deje la mente en blanco. Esto es en un principio muy difícil y muchos practicantes se ponen muy nerviosos al no conseguirlo de buenas a primeras.

Pero se ha de entender el proceso en su totalidad. Para empezar, se trataría de evitar tensiones cuando aparezcan los pensamientos. La clave es imaginar que son como nubarrones que van pasando de largo. Así, su presencia no debe inquietarnos, sino que debemos aprender a extraerlos de nuestro horizonte.

En un principio este proceso no será exclusivamente mental. La postura y la respiración consiguen que el córtex cerebral esté en total reposo. La sangre llega a las capas más profundas del cerebro. Este tipo de irrigación procura una sensación de serenidad y paz. Son unas sensaciones semejantes a las que se consiguen durante el sueño, pero en este caso durante la vigilia. El sistema nervioso se relaja y el individuo puede conectar con el cerebro más primitivo. Pero pese a la paz que se consigue también se desarrolla un estado mental altamente intuitivo.

Para acceder a él con rapidez, más que intentar cerrar completamente el alud de pensamientos, uno debe concentrarse en cada uno de ellos y dejarlos pasar. De esta forma se alcanza lo que en Zen se denomina *Hishiryo*, que viene a ser la verdadera pureza, más allá de cualquier pensamiento. *Shiryo* es pensamiento y *Fu Shiryo* es no-pensamiento. El *Hishiryo* es, por tanto, un pensamiento absoluto, más allá de las dualidades y de los problemas concretos. Las ideas que tenemos hacen que nos concentremos en nuestra individualidad y por lo tanto perpetuemos las fronteras que nos separan de nuestra unión con el cosmos. Si trascendemos sobre estas elucubraciones, llegaremos a un estado superior en el que conectaremos con nuestra naturaleza búdica o con el inconsciente universal.

Durante la meditación es normal que valoremos nuestros problemas, nuestras inquietudes, nuestros amigos o enemigos... pero si nos concentramos en la postura y en la respiración podemos llegar a un estado superior en que esas dificultades desaparecerán porque tendremos una conciencia cósmica.

Imaginemos que es como acceder a un escalón superior. Todo lo que estaba por debajo parece menos importante. También podemos emplear la imagen de cerrar una etapa. Ahora podemos observar los problemas que tanto nos preocupaban en la infancia, que con el tiempo parecen una minucia, pues la sensación es la misma, pero multiplicada por un millón. Se trasciende a un estado superior de la conciencia en que los problemas individuales se diluyen y se adquiere una paz que permite verlos como procesos que ocurren, pero que no nos preocupan ni provocan reacciones desagradables. Es el estado zen en el que podemos contemplar nuestra vida desde la paz del espíritu.

Ya lo hemos dicho, tampoco nos debemos obsesionar con alcanzar ese estado. Llegaremos a él mediante el *moshotuko*, que es la filosofía del no-provecho, de no buscar nada. La máxima que lo define es: «Si lo abandonáis todo, lo obtendréis todo». Para llegar a ese estado, es preciso no pretender nada, no buscar una reacción ni un beneficio inmediato. Dejar que fluya, de forma natural. Se trata de una conciencia en la que no empleamos el intelecto ni el sentido común, sino que se recibe gracias a una percepción directa. Por ello, hablamos de iluminación.

MEDITACIÓN SIN METAS

Todos estos estados aparecen de forma natural, sin que se busquen. De esta forma se consigue que sean verdaderamente desinteresados. El practicante sólo debe concentrarse en la respiración y no tener más metas. Así es como llegará a trascender a ese estado de paz espiritual.

ERRORES COMUNES

Las sensaciones que se desprenden de la práctica del Zen son muy variadas y en muchos casos resultan desconocidas para el principiante. Esto puede conducirnos a un error. Pensar que estamos llegando a estados que en verdad no son ciertos. Cuando se alcanzan estados zen no hay ninguna duda. Habitualmente cuando uno se plantea si es así o no, es porque no ha sucedido.

De todas formas, es necesario conocer los más comunes, las confusiones más frecuentes en las que podemos incurrir en las primeras sesiones de meditación *zazen*.

La meditación nos conduce a un estado de relajación consciente. Sin embargo, es fácil confundirlo con la relajación más inconsciente, derivada del sueño. La diferencia básica es la respiración y el tono muscular. Cuando nos acercamos a ese estado de ensoñación, llamado *konchin*, perdemos la postura. Los músculos se relajan, lo que es justamente lo opuesto a lo que buscamos. Durante toda la meditación el tono muscular está muy alto. La respiración, como ocurre durante el sueño, se convierte en involuntaria y no tenemos ningún control sobre ella. En este estado bajamos la guardia, dejamos de ser perceptivos, la conciencia se vuelve difusa.

Cuando esto ocurre, lo mejor es ser conscientes y regresar a la postura inicial. Estirar la columna vertebral e impedir que los ojos se cierren. Prestar atención de nuevo a la postura de las manos y volver a controlar la respiración.

Existe otro estado que es justamente el contrario, ya que hay gran actividad y en ciertos casos crispación. Es lo que en Zen se denomina *sanran*. El estado de la meditación, como ya se ha explicado, permite tener una gran percepción. Si ésta se emplea en los problemas concretos en vez de en intentar trascender, puede producirse un estado de nerviosismo. Los pensamientos, las ideas y los problemas acudirán como un torrente a nuestra mente. Y eso creará tensión que se traducirá en la postura. Es habitual que cuando esto ocurra apretemos las manos más de lo necesario o nos encorvemos un poco. Como pasaba en el caso anterior, lo primero es reencontrar la posición adecuada. Después nos concentraremos en la respiración, para devolverle toda la profundidad posible.

Algunos maestros proponen también observar fijamente el hueco de la mano izquierda y no intentar pensar en nada más que en esa visión.

O es posible que al estar muy cerca de conseguir la paz espiritual nos asalte el miedo repentinamente. Es un estado que no conocemos y puede que en algún momento cause inquietud. Eso suele pasar cuando se está muy cerca de llegar, así que es cuestión de seguir perseverando.

Otro error de novato es contar el tiempo. Si sólo podemos dedicar un tiempo concreto, puede que temamos que se pase sin darnos cuenta. Por ello podemos emplear algún tipo de aviso, pero nunca un reloj con un tic-tac estruendoso. Lo mejor, de hecho, es que tengamos bastante tiempo por delante y que no nos obsesionemos por él. Y tampoco en el sentido contrario, en ponernos un tiempo en concreto y pensar que de ahí no nos podemos levantar hasta que no se acabe. Todas estas imposiciones acaban siempre siendo especialmente molestas y van contra la filosofía que promulga el Zen. De hecho, en el estado zen, el tiempo se difumina. De todas formas, cuando tengamos práctica es muy probable que las meditaciones duren aproximadamente lo mismo.

LA CLAVE ES LA PERSEVERANCIA

Todos estos errores y miedos desaparecerán con la práctica habitual del Zen. En un principio, nos acosarán demasiadas dudas sobre si lo estamos haciendo bien o mal. Si éstas se hicieran insoportables, lo mejor sería acudir a una escuela en la que aprender los principios que después podremos aplicar con más tranquilidad en casa.

Lo único cierto es que con el tiempo, los temores y las inseguridades se van evaporando y dejan paso a una tranquilidad de espíritu como nunca habíamos conocido antes.

EL JARDÍN ZEN

El jardín zen se ha convertido, junto a la meditación, en uno de los elementos más conocidos de esta filosofía. Ha llegado a Occidente como un complemento de decoración minimalista. Pero su significado y su poder van mucho más lejos que un simple ornamento. Merecen así que en este capítulo nos adentremos en el enigma de estos jardines, tanto los grandes como los pequeños, que se pueden montar (tal y como explicaremos) en casa.

> UNA INVITACIÓN A LA MEDITACIÓN
>
> El jardín zen invita a meditar, pero a la vez ayuda a comprender algunas de las emociones que sentimos durante el *zazen*. Es el complemento ideal para que ambas actividades creen una sensación mística de quietud de espíritu.

La primera sensación que despierta un jardín zen es la de quietud y paz de espíritu. Todo está calculado en un armonioso equilibrio para que genere una agradable y acogedora sensación de comunicación con la naturaleza. Y es que el jardín zen representa el universo tal y como deberíamos verlo gracias a la filosofía zen. Contemplar, detenidamente, un jardín zen es abrir la puerta de un sinfín de emociones. El sonido del bambú y del agua, las diferentes texturas, los olores suaves pero dispares... Es toda una experiencia que resulta casi mágica. Pero si además de sentirla la entendemos, estaremos acercándonos cada vez más a la transformación espiritual que es el motor de esta forma de expresión.

DIFERENCIA ENTRE ORIENTE Y OCCIDENTE

Es básico, para aprovechar al máximo el poder del jardín zen, que entendamos la diferencia entre los jardines orientales y los occidentales. Simplemente comparando una foto de un jardín japonés con la de los de Versalles, por citar un ejemplo, nos daremos cuenta de que abundan las diferencias, pero seguramente nos costará comprender cuáles son exactamente.

La principal es que el jardín japonés no está concebido para pasear, sino para ser contemplado. Es como una caligrafía o una obra pictórica. No es necesario sumergirse en él, simplemente hay que permitir que lo haga nuestra mente y así abrir las puertas de la percepción. Por ello, los recorreremos de forma intuitiva, a través de la mirada y de las emociones que nos aportan.

El jardín zen tiene como fin, principalmente, ayudar en la meditación. Es una forma de comprender la importancia de la naturaleza y el orden cósmico a través de una imagen. De esta forma no es necesario emplear la mente, se trata de un conocimiento que inunda directamente a nuestro cuerpo. El lenguaje y el pensamiento hacen que modifiquemos la realidad. En cambio, una imagen que se aprecia por los sentidos es un mensaje directo y sin intermediarios que nos permite comprender el mundo.

Otra de las características destacables es que no sólo se da importancia a las plantas, sino que también se cuidan las rocas, el agua, las gemas o la arena. Todos ellos son elementos de la naturaleza. Tanto el Zen como el sintoísmo y el confucionismo consideran que el hombre está incompleto sin la naturaleza. Por ello, es necesario que se complemente con estos elementos, no sólo con la vegetación.

Por esta razón, los jardines suelen estar al lado de la vivienda. Es una forma de que el hombre pueda entrar en contacto con la naturaleza en todo momento. En la paz de su hogar, puede admirar la bella imagen de un jardín que le inspirará a la meditación y le hará vislumbrar el universo tal y como lo describe la filosofía zen.

Los jardines, a diferencia de lo que ocurre en Occidente, no están rodeados por muros ni verjas. Se incorporan a la estructura de la casa y pueden ser contemplados a través de los paneles de papel de la misma. De esta forma también se incorpora la naturaleza en la existencia cotidiana de cada persona. Este concepto es muy importante y se ha instaurado en buena parte de China y sobre todo en Japón. De todos modos, la masificación de las grandes urbes no permite ya una estructura arquitectónica tan ideal. Pocos son los que en la actualidad pueden tener un jardín en su casa. La alternativa son pequeños jardines que se pueden tener en cualquier piso (más adelante, en este mismo capítulo, abordaremos esta cuestión). De todas formas, los hoteles de lujo, por ejemplo, siguen teniendo habitaciones rodeadas de jardines para los visitantes asiáticos. El contraste resulta cuanto menos curioso. Un gran rascacielos, con habitaciones totalmente tecnificadas y patios con otras estancias ubicadas en medio de un jardín zen.

ESPACIO PÚBLICO *VERSUS* ESPACIO PRIVADO

Para los occidentales, el jardín es un espacio público en el que pasear o encontrarse con más personas. En cambio, para los orientales el jardín forma parte de la privacidad. Se puede observar en casa, en un ambiente íntimo que inspire reflexión y calma.

Otro punto que seguramente sorprenderá a un occidental al observar un jardín zen es la ausencia de flores. En Occidente entendemos que un jardín es bello por la cantidad de flores que pueda tener. En cambio, la idea oriental es completamente diferente: las flores son bellas sólo cuando empiezan a marchitarse. El cambio de estado es lo que hace que sea verdaderamente bonito y lo que estimula a la meditación.

COMPOSICIÓN DEL JARDÍN ZEN

El jardín zen es profundamente espiritual. El encanto que tiene es que no presenta grandes riquezas, sino formas sencillas. Los objetos que lo conforman son naturales, y es su perfecto equilibrio lo que provoca una sensación increíble de paz. Algo parecido ocurre con las casas de té, que al ser muy simples y minimalistas invitan a la introspección.

Como se ha comentado, el jardín suele ser visto desde la casa. Pero, además, tiene también a menudo espacios cerrados con arbustos o montículos para delimitar su espacio, aunque nunca se trata de un cierre absoluto. El jardín está diseñado de manera tal que pueda ser apreciado desde múltiples puntos de vista. Los que están cerca del jardín pero no son los propietarios, pueden verlo mediante la técnica *shakkei,* que significa «jardín prestado». De esta forma se convierte en una obra de arte que puede ser contemplada desde diferentes ángulos de visión.

Otra característica es que los jardines zen suelen ser asimétricos. Entre su estructura quedan espacios vacíos que sólo pueden ser captados mediante una larga contemplación. Para construir así el terreno, se fijaron en los paisajistas chinos, que realizaban acuarelas que no eran simétricas. De esta forma, el número de árboles y de rocas nunca es el mismo y cambia en cada lado del jardín, para que no sea un espacio milimetrado y aburrido.

El jardín zen viene a ser una representación en miniatura de la Tierra. Cada uno de los elementos representa otro de mayor envergadura. Una roca es una montaña, un montón de musgo hace las veces de bosque, un pequeño lago se convierte en un océano. Así, es posible comprender el mundo a través de pequeños elementos que representan grandes formaciones naturales. El ejercicio es evidente: a través de este reducido cosmos uno puede entender la esencia del gran universo.

La clave para entender este proceso es también el cambio que experimenta el jardín a lo largo de todo el año. Al ver cómo van pasando las estaciones y cómo los cambios de temperatura influyen en la naturaleza, podemos comprender también los diferentes estados por los que discurre nuestra existencia. A la sazón, esto hace que contemplar el jardín sea siempre un espectáculo diferente. Cada pequeño cambio de temperatura ocasiona una variación. Por lo tanto, no estamos ante una estampa plana, si no delante de una parte del cosmos que nos enseña cada día cómo se van dando pequeñas permutaciones.

CAMINO CIRCULAR

El jardín zen nos demuestra que la vida en muchos casos tiene un camino circular, tal como las estaciones que repercuten sobre la naturaleza. Sin embargo, también nos invita a que rompamos ese círculo y accedamos a un estado superior de la conciencia.

MONTAR UN JARDÍN ZEN EN MINIATURA

La mayoría de las viviendas occidentales no permiten, por su estructura, tener un jardín zen. Además, los cuidados del mismo son muy específicos y difícilmente podríamos asumirlos. Pero no por eso hay que renunciar a los beneficios que nos puede otorgar. Para ello, podemos diseñar un pequeño jardín zen que, además de ser un precioso objeto de decoración, también nos servirá para relajarnos y traer paz a nuestra casa o a nuestro lugar de trabajo.

La contemplación de nuestra pequeña obra servirá para que tengamos más claras las ideas, para que no nos precipitemos, para que encontremos un poco de descanso al estrés diario.

Para montarlo, uno debe hacerse a la idea de que está jugando. No hay fórmulas magistrales que hagan que «funcione» o «no funcione». Se trata, simplemente, de estar relajado y de dejarse llevar por lo que en ese momento apetezca crear. De esta forma se puede llegar a conseguir que el jardín sea una expresión de nuestros sentimientos más profundos.

Es básico no tener tensión, no hacerse demasiadas preguntas (¿lo estaré haciendo bien?), pues así tan sólo conseguiremos acumular tensión. A la hora de montarlo, cada cual se ha de dejar guiar por su intuición y no preocuparse por nada más. La concentración es básica para que los movimientos de nuestras manos y las decisiones que tomemos surjan de forma natural.

OBJETO VIVO

Lo mejor de un jardín zen es que se puede cambiar periódicamente. Por ello, no tiene que ser interpretado como un objeto de decoración inorgánico, si no como un ser vivo, que se puede ir modificando periódicamente.

Además de los elementos que describiremos más adelante, los jardines en miniatura suelen incorporar un pequeño rastrillo. Con él se podrán trazar diferentes dibujos sobre la arena que tendrán un efecto muy relajante. Para muchos, estos diseños representan el movimiento de las olas o de los ríos, el ritmo ancestral del universo.

Para montarlo se puede adquirir un *kit*, que suele presentar el recipiente, el rastrillo y los diferentes elementos para que los combinemos como mejor nos parezca. También se pueden comprar éstos por separado o recogerlos de la naturaleza, de algún lugar que nos haga sentir especialmente místicos o en comunión con el medioambiente.

LOS ELEMENTOS

Ahora que ya sabemos cómo se puede montar un jardín zen, ha llegado el momento de entender qué significa cada uno de los elementos que se emplean. El jardín es la representación en miniatura del cosmos. Por ello es de vital importancia comprender qué papel desempeña cada uno de los elementos que finalmente lo configurarán.

Tierra o arena

Representa la superficie que nos permite la vida y, a la vez, la que absorbe y proporciona energía gracias a su magnetismo. En el jardín nos permitirá trasmutar las emociones negativas y, por tanto, ayudará a que éstas acaben por convertirse en serenas y pacíficas. Cuando sintamos que demasiados pensamientos acuden a nuestra cabeza o cuando no estemos seguros de que nuestras acciones están siendo las más adecuadas, podremos fijar la vista en ella para serenarnos.

Cristales de cuarzo

Son entendidos como seres vivos dentro de la Naturaleza que, a la sazón, permiten almacenar la energía positiva del universo. Permiten jugar con la luz en diferentes espacios y crear zonas llenas de misticismo. Su naturaleza transparente debe inspirarnos para ser humildes y sencillos, ya que sólo así podremos alcanzar la iluminación. La contemplación del cuarzo sirve para que se nos caiga la venda de los ojos y podamos observar la vida tal cual es, sin las ficciones del mundo de las apariencias.

Por otra parte, también es un elemento que sirve para aumentar nuestra creatividad. El cuarzo, en general, ayuda a repartir la energía positiva por todo el jardín, de forma que con él presente se alcanza un gran equilibrio y armonía.

CARACOLES Y CONCHAS

Son elementos que nos recuerdan la proximidad con el mar y la sensación de paz que éste procura. Hemos de tener en cuenta que el ritmo de las olas es el ritmo del universo, por lo que relajarnos siguiendo su cadencia nos hace uno con el cosmos. Poder traspasar esa sensación aun estando lejos del mar es una forma de acercarnos a lo universal, a lo elevado y a lo divino.

VELAS

Ancestralmente han servido para iluminar, para mostrar el camino que debemos seguir. Durante la meditación, podemos contemplarnos en la llama, en sus cambios, en las figuras que dibuja. Este ejercicio en el que focalizamos la vista en la llama y apreciamos el resto sin apenas darnos cuenta, resulta muy relajante e inspirador. Para muchos es una experiencia hipnótica.

LAS PIEDRAS

Son los obstáculos que nos encontramos en el camino. Pero no tienen que ser interpretadas como una molestia, más bien al contrario. Sin esos escollos nos

Aunque el Zen es propio de Oriente, se trata de una tradición que cada vez posee más fuerza en Occidente, donde es visto como una solución al estrés.

sería imposible crecer, superarnos a nosotros mismos, trascender a un nuevo estado, ser capaces de ver las cosas desde otro punto de vista. Las piedras vienen a ser como una montaña: cuesta mucho escalarla, pero una vez arriba se tiene una visión muy diferente del mundo.

Las piedras suelen esconderse dentro de la tierra o la arena para que seamos capaces de intuirlas o de verlas claramente gracias a la meditación profunda que agudizará nuestro sentido de la intuición.

Dentro del Zen se considera que existen ocho rocas, que son ocho caminos para conseguir la iluminación. A continuación describiremos los más importantes:

- **Fuerza de voluntad.** La necesitamos para seguir adelante, para perseverar en los momentos malos y en los buenos, para no abandonar nunca el camino.
- **Belleza.** Sin fijarnos exclusivamente en la apariencia, sino profundizando en el concepto interior, en que la belleza es la armonía y en el equilibrio que proporciona la paz de espíritu.
- **Misericordia**. Es lo que debe guiar todos nuestros actos. Pero no se trata de la misericordia cristiana, que sería comparable a la caridad. Hablamos de un concepto más amplio que implica querer a todos los seres porque formamos parte de una sola unidad.
- **Tolerancia.** Ser humildes para no querer nunca imponer nuestro criterio y por tanto estar abiertos a aprender nuevas cosas. Cuando se llega al estado zen es imposible juzgar a los demás, pues eso sería establecer relaciones de poder con ellos.
- **Perdón.** Poder ser capaces de entender que los demás tienen una etapa de evolución diferente a la nuestra y que, por tanto, no debemos guardar ningún rencor

por nada de lo que hagan. Almacenar rabia, por ejemplo, es crear un *karma* muy negativo.

• **Creación.** No se trata de tener tan sólo ideas brillantes, sino de seguir todo el proceso y conseguir que éstas cristalicen en una obra o acto que nos hayamos propuesto.

• **Formación.** El proceso de aprendizaje es largo. De hecho, dura toda la vida. Por ello hemos de estar dispuestos a sumar siempre conocimientos, pero también a utilizar los que tenemos, a interpretar las señales del cosmos, a dejarnos llevar por nuestra intuición.

• **Conocimiento.** No perder nunca la ilusión por aprender, por seguir descubriendo nuevas sensaciones que nos conduzcan hacia la iluminación.

MEZCLA DE ELEMENTOS

Una vez se conoce el significado de todos los elementos, cada uno puede crear un jardín a su medida, resaltando las partes que quiera trabajar y ocultando las que ya estén suficientemente desarrolladas. Esto, seguramente, surgirá de forma involuntaria. Por ello, se aconseja, una vez montado, ver qué partes se han priorizado para darnos cuenta de qué cuentas pendientes tenemos con nuestra espiritualidad.

EL CAMINO DE LA VIDA

El jardín zen viene a representar el camino de la vida. Es una micrometáfora de lo que es nuestra existencia y de lo que significa vivir en este mundo. A la vez, también sirve para comprender cómo ocurren las cosas, y por qué nos comportamos de cierto modo en algunas ocasiones.

Lo más «mágico», por decirlo de alguna manera, es cómo componemos el paisaje que observamos en nuestra mente. Tras un rato de contemplación, podemos cambiar completamente el paisaje mental. Lo que en un primer momento podía parecer el centro, se desplaza y nuestra atención se centra en otro elemento, creando un paisaje complemente diferente.

También es posible que de repente veamos cosas que hasta el momento nos habían pasado inadvertidas. Incluso los vacíos pueden crear estructuras que hasta un momento preciso nos eran completamente invisibles.

Todo esto comporta una gran reflexïón sobre la vida y también sobre el mundo de las apariencias. Normalmente nos contentamos con el primer vistazo que le damos a alguna cosa. En cambio, esta primera visión está llena de trampas que engañan a nuestros sentidos. Y librándonos de esta trampa los entrenamos para distinguir las apariencias y para conseguir un conocimiento más profundo y complejo del mundo.

Todos estos pasos, estos cambios que experimentamos contemplando el jardín zen, nos sirven para comprender nuestra propia naturaleza interior. Desarrollan nuestra intuición para que después la podamos aplicar a solventar pequeños problemas o grandes cuestiones metafísicas. El mecanismo para unos y para otros es el mismo, y la observación del jardín zen es un ejercicio indispensable para conseguirlo.

Mirar el jardín nos sirve también para acallar los incesantes y desorientados pensamientos que surcan nuestra mente sin parar. Es una forma de concentrarse en un punto y permitir que todo lo demás se evapore. Esta táctica es muy recomendable, pues es lo que buscamos durante la meditación, pero suele ser más difícil hallar este punto en abstracto. En cambio, con el jardín, tenemos un lugar donde reposar la vista y de esta forma conseguir que poco a poco se vaya difuminando el resto de los pensamientos.

El carácter cambiable del jardín zen nos permite que cada vez aprendamos algo nuevo. Tras un tiempo de contemplación, podemos volverlo a cambiar completamente. De esta forma nos damos cuenta de la infinidad de combinaciones que se pueden llegar a crear con los mismos elementos.

La observación del jardín nos llevará también a darnos cuenta de las pequeñas cosas. Este es un ejercicio que nos acabará haciendo más observadores, capaces de recabar en pequeños detalles y de encontrar paz y felicidad en ellos. Normalmente estamos demasiado ocupados para desarrollar el sentido de la observación. Nos dirigimos hacia metas concretas y somos como un burro con una zanahoria delante. En cambio, si podemos variar esta actitud, nos daremos cuenta de que tan importante es llegar a alcanzar el objetivo, como disfrutar de todos los pequeños placeres que nos tiene preparado el camino.

Algunos filósofos creen que aquí radica la diferencia entre sobrevivir y disfrutar la vida. Sobrevivir sería intentar eludir el máximo posible de escollos. Disfrutar la vida consistiría en ser conscientes de la existencia de éstos, pero también saber apreciar que a su alrededor hay pequeños detalles destinados a que nuestra vida sea más placentera.

TIEMPO DE CONTEMPLACIÓN

Igual que ocurría con la meditación, no debemos agobiarnos por el tiempo que podemos dedicarle a la contemplación del jardín zen. Es posible que al principio nos cansemos rápidamente. Pero se trata de un entrenamiento. Ocurre lo mismo que cuando se va al gimnasio: las primeras veces, poco tiempo nos parece una eternidad, y cuando nos acostumbramos, se nos pasa volando. Esto es exactamente lo que nos ocurrirá si nos entrenamos a fondo en la meditación a través del jardín zen.

LA HISTORIA DEL JARDÍN ZEN

Hasta ahora nos hemos referido al jardín zen como a una unidad, como si simplemente hubiera un tipo de ellos. Así hemos querido facilitar la comprensión de todos los conceptos, a menudo complejos, que se querían reflejar en el texto. Sin embargo, en honor a la verdad, hemos de decir que existen diferentes tipos de jardines. Para conocerlos, tendríamos que repasar las distintas épocas en las que aparecieron.

Como dato previo, cabe destacar que en China y Japón la jardinería es una práctica milenaria. Por ello, el Zen toma buena parte de las estructuras preexistentes. Es a partir de su implantación cuando empiezan a desarrollarse técnicas propias que han ido cambiando a través de los siglos.

PERÍODO NARA (710-794 D.C.)

Estos jardines provenían de China, y los japoneses los conocieron cuando empezaron a enviar delegaciones diplomáticas a este país. A la vuelta, aplicaron sus nuevos conocimientos. Los jardines estaban dentro del palacio imperial. El paso del tiempo ha hecho que no quede ningún jardín que se pueda visitar, pero nos han llegado diseños, acuarelas y grabados que nos permiten reconstruir cómo eran. El paisaje natural, lleno de naturaleza contenida, solía presentar lagos, en cuyo interior se distinguían islas. Esta imagen tiene mucho que ver con la dualidad del Tao del Yin y el Yang. Por tanto, ya vemos una forma inicial de entender o representar conceptos religiosos a través de un jardín. Seguramente, la filosofía zen tomó buena nota y con el tiempo fue realizando jardines que se adaptaban a sus necesidades.

PERÍODO HEIAN (794-1185 D.C.)

En esta época cesan los contactos con China, así que ya no existe una influencia nueva de este país. Se emplea la anterior y poco a poco se van desarrollando elementos propios que acaban dando un carácter japonés a estas estructuras. La capital del reino nipón es Kioto, lugar en el que se construyen muchos palacios, templos y edificios, todos ellos acompañados de su correspondiente jardín. El más famoso de la época fue el llamado «jardín paraíso», que se integraba en el centro de un patio al que accedían todas las viviendas conectadas mediante pasillos. Para que nos hagamos una idea, era una especie de claustro, rodeado por diferentes viviendas o estancias de una misma casa. Entre éstas y el jardín había un espacio libre en el que se organizaban eventos, en los que siempre se podía contemplar el bonito paisaje. En muchos casos, tenían grandes estanques con islas dentro, que recordaban las zonas más oceánicas de Japón.

PERÍODO KAMAJURA (1185-1392 D.C.)

Éste es el período en el que se podría decir que nació el concepto de jardín zen, tal y como lo entendemos hoy en día. En esta época se reanudaron los contactos con China y el Zen empezó su peregrinaje hacia el Japón, donde se acabaría de definir y de consolidar. La diferencia con los anteriores viene marcada por la austeridad y la sencillez típicas del Zen. Es entonces cuando se introduce plenamente la idea de que el jardín debe ser un instrumento que ayude a la meditación.

Se ha de tener en cuenta que en estos años empezaron a construirse muchos edificios y que, por tanto, el espacio dedicado a los jardines cada vez tenía que ser menor. La simpleza del zen encajaba perfectamente en este nuevo panorama.

Los paisajes de los retratistas chinos influyeron mucho en este tipo de jardín. Se crearon escalas de rocas que hacían las veces de orilla, presentando todas ellas diferentes formas. Los espacios tendían a la verticalidad más que a la horizontalidad, y buscaban gran profundidad. En cierta forma, se intentaba imitar la pintura china en tres dimensiones.

PERÍODO MUROMACHI (1392-1573 D.C.)

Fueron unos siglos extraños, llenos de conflictos políticos, pero, por otra parte, supusieron una época dorada para todas las artes.

En este punto de la cronología, los samurais adoptaron el Zen, por lo que buena parte de los jardines se construyeron en los shogunatos. Hasta el momento, los jardines se diseñaban para pasear, así que se tuvo que crear una especie de híbrido, que consistía en un jardín por el que se podía caminar, pero que permitía la contemplación durante la caminata.

Posteriormente, en los templos, empezaron a aparecer los jardines secos, que no contenían estanques. También de esta época data la tradición de hacer miniaturas de jardines zen. Los monjes solían emplearlas para depositarlas frente a su habitación y utilizarlas cuando se dedicaban a la meditación.

PERÍODO MOMOYAMA (1573-1603 D.C.)

Este corto período estuvo lleno de grandes cambios que quedaron para siempre grabados en la arquitectura de la jardinería. El maestro Rilku introdujo la ceremonia del té, así como nuevos elementos: el farol de piedra, el suelo empedrado, la fuente de agua. Todo ello creó una pequeña revolución estética que cambió bastante el concepto de jardín. El más conocido de la época, de hecho, al que se le daba más importancia, fue «el jardín de té», que estaba destinado para la famosa ceremonia. Se ha de tener en cuenta que la ceremonia del té también tiene una esencia zen. Se trata de un ritual en que todos los movimientos invitan a la meditación y a conseguir un alto grado de relajación.

JARDINES DE HOY EN DÍA

Japón es un país extremadamente respetuoso con la tradición, por lo que ha intentado conservar casi intactos los jardines históricos que se encuentran en el país. Los nuevos siguen habitualmente las líneas clásicas. Son espacios muy aprovechados por los japoneses, que tanto pueden ir a practicar tai-chi como a contemplar la hermosura del paisaje y a meditar.

PERÍODO EDO (1603-1868 D.C.)

Es un tiempo marcado por la unificación de Japón y por el aislamiento exterior. Por ello, apenas existen aportaciones de China ni de ningún otro país. Los jardines pasan a ser construidos por el emperador y los militares, que los emplean en sus edificios y palacios. No hubo mucha creatividad en este tiempo, simplemente una corriente ecléctica que unió todos los estilos anteriores.

Se volvió a introducir el concepto de jardín de paseo, que comunicaba las diferentes estancias y que permitía que se contemplara de forma diferente dependiendo del lugar al que uno se dirigía.

Para poder aplicar el Zen a nuestra vida diaria debemos comprender que es mucho más importante ser que tener.

Buda siguió el yoga durante doce años, pero fue al concentrarse en la práctica de la postura de zazen cuando consiguió alcanzar la iluminación.

Bodhi es el árbol bajo el cual Buda se sentó en zazen con la firme decisión de alcanzar la iluminación más perfecta que pudiera existir.

La única persona que sabe quién es, que se ha encontrado de verdad a sí mismo, es el monje zen que en el espejo sólo ve a un monje zen: él mismo.

Las bases del Zen estaban en las primeras escuelas budistas de China. Sin embargo, su creación tiene una fecha relativamente reciente y su cuna es Japón.

No sólo se da importancia a las plantas, sino que también se cuidan las rocas, el agua, las gemas o la arena. Todos ellos son elementos de la naturaleza.

Los jardines suelen estar al lado de la vivienda. Es una forma de que el hombre pueda entrar en contacto con la naturaleza en todo momento.

La tierra, o la arena, absorbe y proporciona energía gracias a su magnetismo y permite trasmutar las emociones negativas en serenas y pacíficas.

En el Zen un bonsai es un camino y a través de su contemplación y meditación se llega a la relajación, descanso y equilibrio mental.

Las artes marciales que nacieron en el templo de Shaolin fueron un vehículo inesperado para la transmisión de los valores Zen.

Las piedras son los obstáculos que nos encontramos en el camino sin los que nos sería imposible crecer, superarnos y trascender a un nuevo estado.

FORMAS LITERARIAS ZEN. KOANS, CUENTOS Y HAIKUS

Literalmente, *koan* significa «edicto» o «cartel público». En la tradición zen, el *koan* es la enseñanza de un maestro que coloca a su discípulo frente a aspectos paradójicos de la vida. Y es que un *koan* no puede contestarse o comprenderse utilizando el frío razonamiento o el simple intelecto. El discípulo, el lector, cualquiera de nosotros, debe acercarse a los *koans* utilizando la intuición y el ingenio. Ante un verdadero *koan*, la mente se estrella si se usan razonamientos lógicos, por eso para entender todo su significado oculto, se debe aprender a esperar la iluminación.

Al parecer, el uso de los *koans* comenzó en la antigua China alrededor del siglo X. La gran impulsora y defensora de su potencial a la hora de propagar las doctrinas zen fue la escuela Rinzai. En realidad, en el momento en el que surgieron y comenzaron a implantarse con fuerza, la doctrina zen estaba de capa caída. Los humildes *koans* le dieron nuevos bríos gracias a la popularidad casi instantánea de la que empezaron a gozar.

Desde ese momento, estas breves historias, pensadas para impactar y sorprender a la mente del discípulo, para conseguir que se plantee una nueva forma de ver y de entender el mundo, replanteándose los conceptos aprendidos, formaron parte indisoluble de la milenaria cultura zen.

Aún hoy se discute ampliamente sobre la cantidad de *koans* que la tradición zen nos ha legado. Diversas fuentes hablan de unos 1.700, que se agrupan en volúmenes como el *Hekigan*, el *Shoyoroku*, *Mumonkwan*, el *Kwaiabkokugo*, y otros. Pero estas magnas obras atiborradas de *koans* no son lo más importante. Como afirman los seguidores del zen: «Un solo *koan* puede cumplir su misión esclarecedora en la formación de un monje».

Muchos han querido verlos como pequeños acertijos, complicados rompecabezas basados en paradojas. En cualquier caso, son auténticas piezas maestras creadas para poner a prueba nuestro razonamiento lógico y ayudarnos a alcanzar una forma de conciencia en la que los prejuicios y las ideas preconcebidas no tengan razón de ser.

Presentamos una selección de algunos de los *koans* más famosos que nos ha legado la riquísima tradición zen. Los acompañamos con un pequeño comentario, con una interpretación que, evidentemente, no debe entenderse como la única o la correcta. Cada uno debería dejarse llevar por la lectura de cada *koan*, vaciar su mente y dejarse arrastrar por las sugerencias, imágenes o ideas que estas palabras le regalen.

> «—*Maestro, ayúdame a encontrar la liberación.*
> —*¿Y quién te tiene prisionero?*
> —*Nadie.*
> —*¿Por qué buscas la liberación entonces?*»

Una de las ideas que podría sugerirnos este precioso *koan* es que nosotros somos los únicos responsables de encontrar nuestro verdadero camino en el mundo. No podemos culpar a nadie de nuestros problemas, no debemos echar a nadie las culpas de nuestra falta de libertad o de pericia a la hora de descubrir quiénes somos y hacia dónde queremos ir.

> «*—Maestro, ¿qué haces tú para estar en el camino verdadero?*
>
> *—Cuando tengo hambre, como; cuando tengo sueño, duermo.*
>
> *—Pero esas cosas las hace todo el mundo.*
>
> *—No es cierto. Cuando los demás comen, piensan en mil cosas a la vez. Cuando duermen, sueñan con mil cosas a la vez. Por eso yo me diferencio de los demás y estoy en el camino verdadero.*»

Vaciar nuestra mente, centrarnos en lo que hacemos, vivir el presente, disfrutar de las pequeñas cosas, no malgastar nuestra vida con futuribles que nunca se hacen realidad... Lecciones de Zen básico que encuentran su reflejo en este antiquísimo *koan*.

> «*—Maestro, ayúdame a encontrar la verdad.*
>
> *—¿Percibes la fragancia de las flores?*
>
> *—Sí.*
>
> *—Entonces no tengo nada que enseñarte.*»

La sencillez, el minimalismo del Zen. El sentido de las cosas, el significado último de nuestra existencia, debe encontrarse en las cosas más sencillas. No se trata de elucubrar e imaginar complicadísimas teorías. La verdad se encuentra, como nos enseña este *koan*, en el simple perfume de una flor. No hay que ir más allá. Fácil de explicar y extremadamente complicado de conseguir.

«—Maestro Pao-chi, ¿qué es el Tao?

—Entra.

—No te comprendo.

—Sal.»

El zen quiere enseñarnos que para llegar a la Verdad sobran los artificios porque la verdad está ahí mismo, sólo para quien quiera verla. Es evidente que este discípulo no está predispuesto a verla. No hay que plantearse todas las cosas; a veces, basta con dejarse llevar y vaciarse para empezar a comprender.

«—Maestro, ¿qué es la verdad?

—La vida de cada día.

—En la vida de cada día sólo aprecio las cosas corrientes y vulgares de cada día y no veo la verdad por ningún lado.

—Ahí está la diferencia, en que unos la ven y otros no.»

La verdad es algo más natural de lo que pudiera parecer de antemano. En realidad, siguiendo las enseñanzas milenarias del Zen, no hay que complicarse mucho la existencia para llegar a ella. Eso sí, existen algunas *conditio sine qua non*: es necesario recobrar la espontaneidad, volver a dejarse llevar por la vida y por el «ser».

«—Maestro, ¿cómo haré para encontrar el sendero?

—¿Escuchas el ruido del torrente?

—Sí.

—Ahí está la puerta.»

Otro *koan* que vuelve a incidir en la necesidad absoluta de encontrar las respuestas en las cosas más aparentemente simples e intrascendentes. Para recobrar la naturalidad perdida hay que vaciar la mente, hay que dejar atrás todos los conceptos. Entonces la realidad se nos mostrará de una forma sorprendentemente clara.

«—Maestro, ya no tengo nada en mi mente, ¿qué debo hacer?
—Tíralo fuera.
—Pero si ya no tengo nada en la mente.
—Tíralo fuera.»

Paradójicamente, el discípulo de este *koan* sí tiene todavía algo en la mente: la certeza de que no tiene nada. El proceso de vaciar completamente nuestra mente de pensamientos y de ideas no es nada fácil. Estamos acostumbrados a aferrarnos a una forma de funcionar que nos han inculcado desde muy pequeños. La mente se agarra a esta forma de hacer porque es la que nos da «nuestra razón de ser», o al menos la que identificamos como la «única forma de entender el mundo».

«Hubo un maestro que, levantando su bastón en el aire decía a sus discípulos:
No lo llaméis bastón: si lo hacéis, afirmáis.
No neguéis que es un bastón: si lo hacéis, negáis.
Sin afirmar ni negar entonces podéis hablar.»

Nuestra forma de pensar es muy limitada: algo es o no es, nos gusta o no nos gusta, nos sirve o no nos sirve... La mente se encuentra atrapada demasiado a menudo en esta dualidad simplista que hace que no podamos ver más allá. Una postura que deberíamos erradicar si es que queremos acercarnos al verdadero sentido del Zen.

«Cuando el discípulo llegó ante el maestro, éste le preguntó:

—¿Vienes de muy lejos?

—Sí. Vengo para aprender de ti. ¿Qué norma de vida me entregas para que la cumpla?

—Sólo una: si yendo por el camino tropiezas con el Buda, mátalo.»

Es un *koan* que a primera vista puede parecer absolutamente extremo y sin sentido. En realidad, una de las interpretaciones podría apuntar hacia la misma esencia del Zen; huye de todo artificio, retoma la espontaneidad y la naturalidad perdidas, siéntete completamente libre y rompe todas las cadenas mentales.

«Un alumno se presentó ante el gran Maestro Ikkyu para preguntarle:

—Maestro, ¿tendrías la bondad de escribirme algunas máximas sobre la más alta sabiduría?

El maestro escribió entonces en un papel: ¡Atención!

El alumno, un tanto sorprendido, preguntó:

—¿Esto es todo? ¿No vas a escribir algo más?

El maestro, ante la insistencia del alumno, cogió de nuevo el papel y añadió dos palabras más: Atención. Atención.

El discípulo, aún más turbado, dijo:

—En verdad que no veo una gran profundidad, sabiduría y agudeza en lo que acabas de escribir.

Demostrando su gran paciencia, Ikkyu volvió a coger el papel y añadió tres palabras más: Atención. Atención. Atención.

El alumno comenzó a inquietarse y preguntó:

—¿Al menos me puedes decir qué significa la palabra atención?

El maestro, demostrando una vez más su paciencia infinita, cogió el papel y añadió tres palabras más: Atención significa atención.»

Queda claro lo que los maestros del Zen consideran básico a la hora de descubrir el verdadero camino para encontrar la plenitud más absoluta: la atención. Pero se trata de una atención entendida no sólo como concentración, sino también como un estar abierto al mundo, a todo lo que sucede a nuestro alrededor. Pero además, este *koan* también nos habla sobre la mejor y posiblemente la única manera de enseñar los principios del Zen, un método que prefiere no dar respuestas directas sino que busca que el alumno encuentre las respuestas por sí mismo.

«Dos monjes iban hacia su monasterio cuando al pasar un río escucharon los gritos de una dama que pedía socorro. Era una joven que estaba en peligro de ahogarse. Uno de los monjes se tiró al agua, cogió a la hermosa joven en sus brazos y la puso a salvo en la orilla. Tras despedirse, los monjes continuaron su camino. Transcurrido un tiempo, el que no había hecho nada dijo:

—Deberías saber que nuestras normas no permiten tocar a mujer alguna.

—Yo cogí a esa joven con mis brazos y luego la dejé en la orilla. Tú todavía la llevas encima.»

Una nueva oda a vaciar la mente y a alejarse de los prejuicios. En este *koan*, el monje que ayuda a la muchacha lo hace de forma espontánea, sin dejarse llevar por los prejuicios. Una vez en la orilla, se olvida del episodio. El otro monje, en cambio, se deja llevar por los prejuicios y prohibiciones, y en él esta pequeña anécdota tiene un impacto mucho mayor. El mensaje es claro: actúa espontáneamente, libérate de ideas preconcebidas y ataduras y no vivas pensando en el pasado o en el futuro, vive siempre en el presente.

«Un monje, pidiendo instrucción, le dijo a Bodhidharma:

—No tengo nada de paz mental. Por favor, apacigüe mi mente.

—Trae tu mente aquí al frente mío —replicó Bodhidharma— y yo te la apaciguaré.

—Pero cuando busco mi propia mente —dijo el monje— no la puedo encontrar.

—¡Eso es! —replicó energéticamente Bodhidharma—. He apaciguado tu mente».

La enérgica alegría de Bodhidharma es absolutamente comprensible: el monje ya tiene su mente apaciguada. Ha dejado de pensar en ella, no la encuentra; ha dejado de lado, de alguna manera, un egocentrismo, una conciencia de sí mismo que le impedía acercarse al verdadero Zen. Y además, lo ha conseguido, como enseña el Zen, sin pensárselo, sin siquiera plantearse tal gran logro.

«Un monje le dijo a Joshu:

—Acabo de entrar a este monasterio. Por favor enséñame.

Joshu le preguntó inmediatamente:

—¿Has comido tu potaje de arroz?

El monje le respondió:

—Sí, ya me lo he comido.

Joshu le dijo:

—Entonces sería mejor que lavaras tu plato.»

Este *koan* nos enseña de la forma más clara posible que la iluminación Zen no significa encerrarse en una torre de marfil y observarlo todo desde las alturas. No debemos olvidarnos del mundo ni de las obligaciones de la vida cotidiana. Aun «iluminados», debemos lavar nuestro plato después de comer. De hecho, los maestros siempre hacían hincapié en que el Ch'an, o el Zen, estaba en nuestras experiencias diarias, la «mente de todos los días», como no se cansaba de repetir una y otra vez Matsu. Para el Zen, la vida diaria no es sólo la forma de lograr la iluminación, sino la iluminación misma.

«Un nuevo estudiante se aproximó al maestro zen y le preguntó cómo podía prepararse para su aprendizaje. «Piensa que soy una campana», explicó el maestro. «Dame un golpe suave y tendrás un pequeño sonido. Golpéame duro y recibirás un repique fuerte y resonante.»

El maestro de este *koan* reta a su discípulo para que aprenda a sacarle el mayor provecho a sus enseñanzas. Si se limita a escuchar atentamente y con el mayor respeto a su maestro, de forma absolutamente inactiva, sólo conseguirá sacarle un pequeño sonido. En cambio, si le cuestiona, le pregunta, le pone contra las cuerdas... si se plantea, en fin, el proceso de aprendizaje como una actividad absolutamente participativa, conseguirá un «repique fuerte y resonante».

«Había un reconocido filósofo y docente que se dedicó al estudio del Zen durante muchos años. El día que finalmente consiguió la iluminación tomó todos sus libros, los llevó al patio y los quemó.»

La sabiduría está dentro de uno mismo y en todas las cosas que nos rodean, por insignificantes que nos puedan parecer. Y todo este caudal de información no puede contenerse en unas cuantas páginas. El filósofo iluminado comprende que, una vez alcanzado tal estado de sabiduría, poco pueden aportar los doctos libros que posee.

HISTORIAS ZEN

Los relatos con moraleja son una de las formas más antiguas que ha utilizado el hombre para propagar determinadas enseñanzas de una manera sutil y agradable para el lector o el oyente. Este tipo de cuentos no son sólo historias escritas para hacernos pasar el rato o para entretenernos. Su vocación es la de llevarnos más allá, la de abrirnos nuevos caminos en los que encontrar respuestas o incluso preguntas que nos ayuden a vivir o a ensanchar nuestra mente. Se trata de relatos que siempre intentan llevarnos de lo conocido a lo desconocido, fábulas que indican, que apuntan a un objetivo.

Siguiendo esta tradición, a lo largo de la historia de la humanidad hemos podido recrearnos con sabios y maravillosos cuentos budistas, cuentos chinos, cuentos cristianos, cuentos sufíes, cuentos árabes y, por supuesto, con los que nos ocupan, los cuentos zen.

Como el resto de sus compañeros, los cuentos zen no son más que hermosos métodos de enseñanza que, a cambio del esfuerzo que supone entenderlos y penetrar en ellos, nos revelan una moraleja, una verdad nueva que, en este caso, nos puede ayudar a alcanzar la iluminación.

Su lectura es una invitación a escuchar con el corazón, a intentar entender la enorme sabiduría que, más allá de su belleza formal, encierran. Se trata, en cualquier caso, de una buena oportunidad para disfrutar de una lectura amena y enriquecedora, capaz de proporcionarnos un crecimiento espiritual nada desdeñable.

Existen miles de cuentos zen, desde los más antiguos, milenarios relatos que nacen de la fuente de la más pura tradición de esta doctrina, hasta los más modernos, obra de maestros prácticamente contemporáneos. Para este amplio capítulo de nuestro libro, hemos realizado una completa selección de historias que acompañamos con una interpretación que, como comentábamos en el apartado dedicado a los *koans*, ni es la única ni tiene por qué ser la más acertada. En cualquier caso, nuestra intención es que sea una pequeña guía a partir de la cual el lector pueda intentar extraerle todo el jugo a estas bellas historias.

UNA SITUACIÓN TENSA

«Un día, mientras caminaba tranquilamente a través de una poblada selva, un hombre se topó con un feroz tigre. El animal comenzó a perseguirlo, y el pobre hombre corrió y corrió intentando escapar del ataque del felino, pero pronto llegó al borde de un acantilado. Desesperado por salvarse, bajó por una parra y quedó colgando sobre el fatal precipicio. Mientras estaba ahí suspendido, dos ratones aparecieron por un agujero en el acantilado y empezaron a roer la parra que lo separaba de una muerte segura. Su desesperación comenzó a crecer pero, de pronto, vio un racimo de uvas en la parra. Las arrancó y se las llevó a la boca. ¡Estaban increíblemente deliciosas!».

Un breve y precioso cuento zen que intenta enseñarnos, a través de sus clarísimas metáforas, que siempre debemos buscar la parte positiva de cualquier problema. El desespero del protagonista es creciente. Primero, lo persigue un enorme tigre, un gran problema, una contrariedad insalvable. El hombre encuentra lo que parece ser una especie de solución, mantenerse colgado de una débil parra que es lo único que le separa de un precipicio. Pero unos pequeños ratones comienzan a roer la planta. Su caída, su muerte, está muy cerca. Aún así, y esta es la lección que debemos aprender, el protagonista no cae en el desespero. Sus enormes problemas no impiden que disfrute de las pequeñas cosas y que deguste unas frutas que le saben a gloria.

CONCENTRACIÓN

«Después de ganar varios concursos de arquería, el joven y jactancioso campeón retó a un maestro zen que era reconocido por su destreza como arquero. El joven demostró una notable técnica cuando acertó en el centro de una lejana diana en el primer intento, y luego partió esa flecha con el segundo tiro.

—Ahí está —le dijo al viejo—, ¡a ver si puedes igualar eso!

Inmutable, el maestro no desenfundó su arco, pero invitó al joven arquero a que lo siguiera.

Con una curiosidad creciente sobre las intenciones del viejo, el campeón lo siguió hacia lo alto de la montaña hasta que llegaron a un profundo abismo atravesado por un frágil y tembloroso tronco. De pie y con una tranquilidad absoluta, en medio del inestable y ciertamente peligroso puente, el viejo eligió como blanco un lejano árbol, desenfundó su arco, y disparó un tiro limpio y directo.

—Ahora es tu turno —dijo el anciano mientras saltaba graciosamente a tierra firme.

Contemplando con terror el abismo aparentemente sin fondo, el joven no pudo obligarse a subir al tronco, y menos aún ejecutar el tiro.

Los jardines zen son los auténticos centros ceremoniales de meditación.

—Tienes mucha habilidad con el arco —dijo el maestro— pero tienes tan poca habilidad con la mente que te hace errar el tiro.»

Un cuento que nos proporciona dos valiosísimas lecciones. La primera de ellas, y tal vez la más clara, es que es fácil acertar el tiro, es fácil tener éxito en las empresas que emprendemos, cuando las cosas nos vienen dadas. En una situación absolutamente propicia, el joven arquero es capaz de sacarle todo el jugo a sus habilidades, pero no puede hacerlo cuando la dificultad crece. Así es también en la vida. Es muy fácil hacer lo correcto y actuar sin que nos tiemble el pulso, manteniendo la calma, cuando todo nos acompaña. Lo difícil, lo meritorio, es saber qué hacer cuando todo va mal, mantener la cabeza fría cuando el abismo se extiende bajo nuestros pies y sólo nos separa de él un frágil y tembloroso árbol.

La segunda lección se encuentra en la última frase que dice el maestro «Tienes mucha habilidad con el arco, pero tienes tan poca habilidad con la mente que te hace errar el tiro». De nada sirve saber qué es lo que debemos hacer y cómo debemos hacerlo si nuestra mente nos traiciona en el último momento y consigue que nos quedemos paralizados.

DESTINO

«Durante una batalla, un famoso general japonés decidió atacar aun cuando su ejército era muy inferior en número al del enemigo. Confiaba plenamente en su victoria, pero sus hombres estaban llenos de dudas. Camino hacia la batalla, se detuvieron en una capilla. Después de rezar con sus hombres, el general sacó una moneda y dijo:

—Ahora tiraré esta moneda. Si sale cara, ganaremos. Si sale cruz, perderemos. El destino se revelará.

Tiró la moneda en el aire y todos miraron atentos cómo aterrizaba. Era cara. Los soldados estaban tan contentos y confiados que atacaron vigorosamente al enemigo y consiguieron la victoria. Después de la batalla, un teniente le dijo al general:

—Nadie puede cambiar el destino.

—Es verdad —contestó el general, mientras le mostraba al teniente que la moneda tenía caras en ambos lados.»

El mensaje de este antiquísimo cuento zen no puede ser más claro: si confías en ti, si crees que puedes conseguir algo, lo acabarás consiguiendo. El general japonés lo tenía claro. Él tenía más confianza en sus hombres que ellos mismos. Y en este punto se encuentra otra de las lecciones que nos regala este texto: con la confianza que los demás depositan en nosotros, somos capaces de hacer cosas que ni siquiera nosotros pensamos que podremos lograr. En otras palabras, demasiado a menudo somos mejores de lo que pensamos.

EGOÍSMO

«El Primer Ministro de la dinastía Tang fue un héroe nacional por su éxito como estadista y como líder militar. Pero a pesar de su fama, poder y salud, se consideraba un humilde y devoto budista. A veces visitaba a su maestro zen favorito para estudiar con él, y parecía que se llevaban razonablemente bien. El hecho de ser Primer Ministro parecía no afectar a su relación, que parecía ser idéntica a la que mantendrían un venerado profesor y un respetuoso alumno. Un día, durante su visita habitual, el Primer Ministro le preguntó al maestro:

—Su Reverencia, ¿qué es el egoísmo según las enseñanzas?

La cara del maestro se volvió roja, y con una voz condescendiente e insultante, le respondió:

—¿Qué clase de pregunta estúpida es ésa?

Esta respuesta inesperada impactó tanto al Primer Ministro que se quedó callado y furioso. El maestro zen sonrió y dijo:

—«ESTO, Su Excelencia, es egoísmo.»

El error del Primer Ministro fue darse demasiada importancia a sí mismo. Su enfado ante la respuesta del maestro zen estaba causado, por una parte, por su incapacidad para aceptar una respuesta tal debido a la alta estima que tenía de sí mismo. Por otro lado, seguro que en ese preciso momento no pudo evitar que por su mente pasara un pensamiento del tipo: «¡Cómo se atreve a hablarme así! Al fin y al cabo, soy el Primer Ministro». Reacciones ambas que el maestro interpreta con gran agudeza y que logran que se reafirme en su apreciación: «ESTO», actuar de esa manera, ser demasiado egocéntrico y consciente de uno mismo y de las pleitesías que deben rendirnos los demás, «es el egoísmo».

EL CIEGO Y LA LÁMPARA

«Cuando un ciego se despedía de su amigo, éste le dio una lámpara.

—Yo no preciso de la lámpara, pues para mí, claridad u oscuridad no tienen diferencia —dijo el ciego.

—Lo sé —dijo su amigo—, pero si no la llevas, tal vez otras personas tropiecen contigo.

—Está bien —contestó el ciego cogiendo la lámpara.

Después de caminar durante un buen trecho a través de la oscuridad, tropezó con otra persona.

—¡Uy! —dijo el ciego.

—¡Ay! —dijo la persona.

—¿Pero es que no has visto mi lámpara? —dijo enojado el ciego.

—¡Amigo! Su lámpara estaba apagada.»

Un breve cuento zen que, sin embargo, contiene una valiosísima y complicada metáfora. Es evidente que en este texto se nos está hablando de la iluminación zen. Ante la oferta de su amigo, el ciego, aquel que no ve o, en lenguaje metafórico, aquel que no quiere ver, afirma que él no necesita la lámpara, que no necesita ser iluminado. Su amigo, que no es otra cosa que un Sabio, le contesta que al menos la acepte para no dañar a los demás. El mensaje es claro: todos, por una u otra razón necesitamos abrir los ojos. Cualquier persona necesita y merece llegar a la iluminación. De todas maneras, y esta es la segunda enseñanza que contiene esta historia, de nada nos sirve estar en posesión de la iluminación, de la lámpara, si no la utilizamos, si la mantenemos apagada, si no alumbramos también al resto y les ayudamos a no tropezar continuamente. Una auténtica invitación a compartir todo lo que hemos aprendido con todo aquel que nos vayamos encontrando a lo largo de nuestro camino vital.

EL GENERAL Y SU RELIQUIA

«Había una vez, en los tiempos antiguos, un aguerrido general que estaba tranquilamente en su casa apreciando su colección de antigüedades, cuando de repente casi se le cae el más precioso jarrón de entre los que poseía.

—¡Oh! ¡Qué susto!

Después de un rato, se sentó y pensó:

—He dirigido millares de soldados, enfrentándome continuamente a la muerte, y jamás me atemoricé. ¿Por qué será que hoy por causa de una vasija me asusté de esa manera?

Entonces simplemente se levantó y arrojó la valiosa vasija contra el suelo y la rompió en mil pedazos.»

El reputado militar de este cuento comprendió rápidamente que poseer algo nos hace esclavos; de hecho, el objeto acaba poseyéndonos a nosotros. Yendo un poco más allá, la preciada vasija hacía que en su mente, además del miedo, entrara por la puerta grande el deseo; la necesidad de poseer y conservar algo, la perentoria necesidad de tener, de sentir que algo nos pertenece completamente. Obstáculos en el camino zen hacia el desprendimiento y la iluminación.

NI MÁS NI MENOS

«Existió una vez un hombre extremadamente rico que, a pesar de tener muchísimo dinero, tenía una naturaleza auténticamente mezquina. No soportaba el hecho de gastar ni siquiera un centavo de su dinero. Cada vez que eso sucedía, la pena más profunda embargaba su corazón.

Un hermoso día, el Maestro Ch`an (Zen) Mo (silencioso) Hsin (divino) fue a visitarlo.

El monje le dijo:

—Suponga que mi puño estuviera cerrado así para siempre, desde el nacimiento hasta la muerte: ¿cómo llamaría a esto?

—Una anormalidad —respondió el hombre rápidamente.

—Suponga ahora que esta mano estuviera abierta así para siempre, desde el nacimiento hasta la muerte: ¿cómo llamaría a esto?

Encantado con la aparente simplicidad de las preguntas que le planteaba el monje, el hombre contestó:

—Eso también sería una anormalidad.

—Exacto —concluyó el monje—, sólo es preciso que usted comprenda realmente la conversación que acabamos de mantener para que se convierta en una persona rica y feliz.»

En realidad, lo que tenía que comprender el rico y avaro protagonista de este cuento era uno de los principios del Zen y, por extensión, uno de los secretos para alcanzar la felicidad: la mesura. Como bien le hacía ver el monje, no se puede ser tan avaricioso como para que nuestra mano no se abra nunca; pero tampoco se puede ser excesivamente dadivoso y mantener nuestra mano abierta, ofreciendo continuamente todo lo que tenemos. Pero esta mesura, este equilibrio entre lo mucho y lo poco, no sólo debe mantenerse en las cuestiones materiales. Para que nuestra vida discurra por el camino más apropiado y feliz, deberíamos aplicarla a todas nuestras facetas vitales.

La puerta del paraíso

«Encontrándose de visita en su monasterio, un gran general preguntó a un sabio y reputado maestro zen:

—¿Realmente existen el paraíso y el infierno?

—¿Usted a qué se dedica?

—Soy un general.

—¿Qué general? ¡Más bien parece un carnicero!

—¡¿Qué?! —dijo furioso el general—. ¡Lo voy a matar!

—En este momento se abre la puerta del infierno.

—Disculpe, perdí mi compostura...

—En este instante se abre la puerta del paraíso.»

Un minimalista cuento zen que de nuevo realiza una auténtica apología del equilibrio y de la mesura. En este caso, se va un paso más allá y se identifica el exceso, el desequilibrio, la violenta reacción del general ante la provocación del maestro, con el auténtico infierno. En el lado opuesto, cuando el militar vuelve a la tranquilidad, a la preciada mesura, al equilibrio, el sabio le dice que se encuentra a las puertas del paraíso.

SI NO HAY TRABAJO NO HAY COMIDA

«Hyakujo, un famoso maestro zen, que ya contaba con más de ochenta años, acostumbraba a trabajar duramente con sus discípulos, cortando el pasto del jardín, limpiando el suelo y podando los árboles. Sus jóvenes discípulos sentían una pena enorme al ver trabajar tan arduamente al anciano, pero sabían perfectamente que no escucharía sus ruegos para que dejara de hacerlo. Entonces decidieron esconder las herramientas del maestro para que no pudiera trabajar. Aquel día el maestro no comió. Lo mismo ocurrió el día siguiente, y el otro.

«Debe estar enojado porque hemos escondido sus herramientas», pensaron los discípulos. «Es mejor que las coloquemos nuevamente en su lugar».

Lo hicieron ese mismo día y el maestro trabajó y comió como antes.

Por la noche, los reunió alrededor de la mesa y simplemente les dijo:

—Si no hay trabajo, no hay comida.»

Como ya hemos explicado anteriormente, el zen «santifica» de alguna manera la iluminación que nos llega de lo cotidiano, de nuestra vida diaria y aparentemente vulgar y, por extensión, de nuestro trabajo. No es extraño que el sabio anciano, conocedor de esta verdad irrevocable, se niegue a comer si no trabaja.

LA VERDADERA RIQUEZA

«Un hombre muy rico le pidió al afamado sabio Sengai que le escribiese algo para garantizar la continuidad de la prosperidad de su familia, de manera que pudiese mantener su fortuna de generación en generación.

Sin mediar palabra, Sengai tomó una larga hoja de papel de arroz y escribió:

«El padre muere, el hijo muere, el nieto muere.»

Mirando una y otra vez el papel, sin poder creerlo, el hombre rico se indignó y ofendido hasta tal punto no pudo evitar gritarle al sabio maestro:

—¡Yo le pedí que escribiese algo para la felicidad de mi familia! ¿Por qué me gasta una broma de este tipo?

Ignorando su enfado, Sengai le explicó tranquilamente:

—No pretendía hacer ninguna broma. Si antes de su muerte su hijo muriera, esto lo heriría inmensamente. Si su nieto se fuera antes que su hijo, tanto usted como él estarían destruidos. Pero si su familia, de generación en generación,

muere en el orden que le describí, ese sería el curso más natural de la vida. Yo llamo a eso verdadera riqueza.»

En este precioso cuento zen, el sabio Sengai le regala dos lecciones al rico hombre que viene a pedirle consejo. La primera de ellas es que hay que dejar que la vida siga su curso natural, aceptando todo aquello que en un momento determinado nos toque sufrir o disfrutar. La segunda, que las riquezas materiales tienen un valor absolutamente irrisorio si se comparan con esta gran verdad que nos enseña el zen: la verdadera riqueza radica en saber seguir y aceptar el curso natural de la vida.

LLUVIA DE FLORES

«Subh-ti era un discípulo directo de Buda. A esas alturas de su aprendizaje, ya había comprendido la fuerza del vacío, la doctrina de que nada existe sino en su doble relación subjetiva y objetiva.

Cierta vez, Subh-ti, en estado de vacío sublime, estaba sentado bajo un árbol. De repente, sin que él hiciera ni el más mínimo gesto, empezaron a caer flores en torno de él.

—Estamos celebrando tu discurso del vacío —le susurraron los dioses.

—Pero yo ni he mencionado el vacío —dijo Subh-ti.

—Tú no has mencionado el vacío, nosotros no hemos oído el vacío —respondieron los dioses—. Ese es el verdadero vacío.

Y los pétalos caían sobre Subh-ti como una lluvia.»

Subh-ti había conseguido la iluminación máxima. Sin hacer, había conseguido hacer; sin pensar, pensaba; sin darle nombre al vacío, su discurso sobre él era alabado por los dioses que, como agradecimiento, le lanzaban pétalos desde las alturas. Este cuento zen nos enseña el enorme poder del hacer no haciendo; la dificultad que entraña comprender la fuerza del vacío, y lo fácil que resulta comprenderlo todo cuando ya hemos interiorizado estas enseñanzas.

EL SENTIDO DE LA VIDA

«Un noble y respetado señor pidió un día a Takuán, maestro del Zen, que le indicara cómo pasar su tiempo. Se le hacían muy largos los días atendiendo su despacho y rígidamente sentado recibiendo homenajes. Se aburría y a nada encontraba sentido.

Muy serio, Takuán tomó una hoja de papel de arroz y, ceremoniosamente, escribió ocho caracteres chinos y le entregó el papel. El señor leyó en él:

«Este día no retorna.
Cada instante es una gema.»

El aburrimiento, la desesperanza, la falta de objetivos e ilusiones... Males que nos parecen rabiosamente modernos pero que ya existían hace miles de años, cuando se redactó este esclarecedor cuento zen. El ocioso y rico protagonista no puede o no sabe encontrarle sentido a la vida, todo se le antoja repetitivo y extremadamente aburrido. La solución, para el sabio Takuán, se encuentra en ocho simples caracteres chinos que dan forma al breve *haiku* que cierra el cuento. La lección es muy clara: aprende a disfrutar de cada momento, de cada cosa que te ocurra o que veas, por pequeña e irrelevante que te parezca, porque es irrepetible y preciosa.

OBEDIENCIA

«A las lecciones del maestro Bankéi acudían no sólo estudiantes del Zen, sino también personas pertenecientes a cualquier doctrina y estamento. Quizá el secreto de su éxito fuera que él nunca se entregaba a complicadas disertaciones escolásticas, sino que sus palabras salían directamente de su corazón al corazón de sus oyentes.

El número creciente de sus seguidores irritó a un sacerdote de la escuela Nichirén, más aún teniendo en cuenta que muchos de sus seguidores habían desertado para dejarse llevar por las charlas zen de Bankéi.

El sacerdote, tan centrado en su propio yo, acudió al templo, decidido a sostener un debate con Bankéi y a dejarlo en ridículo delante de su audiencia.

—¡Eh, maestro del Zen! —prorrumpió—. Espera un poco. Los que te respeten podrán hacer caso a lo que tú dices, pero un hombre como yo no te respeta. ¿Puedes lograr que te haga caso?

—Ven junto a mí y te mostraré —dijo Bankéi tranquilamente.

Orgullosamente se abrió paso el sacerdote entre la multitud para acercarse al maestro.

Bankéi sonrió.

—Ven, ponte a mi izquierda.

El sacerdote obedeció.

—No —dijo Bankéi—, hablaremos mejor si tú estás a mi derecha.

El sacerdote, orgullosamente, se pasó a la derecha.

—Ya ves —observó Bankéi—, me estás haciendo caso, y es evidente para esta multitud que nos observa que eres una persona muy amable. Ahora, siéntate y escucha.»

Este delicioso y antiquísimo cuento nos ofrece dos valiosas lecciones. La primera de ellas reside en la clave del éxito del anciano maestro Bankéi. En el relato se nos explica que «él nunca se entregaba a complicadas disertaciones escolásticas, sino que sus palabras salían directamente de su corazón al corazón de sus oyentes». Ésta es precisamente la forma en la que deben explicarse los fundamentos de esta milenaria doctrina. La segunda moraleja es la raíz misma de la historia, y se puede resumir en seis palabras: «el orgullo es el peor consejero». Cegado por él, y con la inestimable ayuda de la envidia y de la rabia, el sacerdote parte al encuentro de Bankéi para retarlo y humillarlo ante su gran auditorio. Pero, una vez allí, se encuentra ante una actitud que da al traste con todos sus planes. La sabia reacción del maestro zen lo coloca en su sitio y, de paso, se convierte en una auténtica lección de humildad: «Siéntate y escucha».

¿AH, SÍ?

«El noble maestro Hakuin era ampliamente alabado y respetado por sus vecinos a causa de su vida pura.

Cerca de su casa vivía una bella muchacha japonesa, cuyos padres eran dueños de una abacería. Cierto día, sin saber cómo, los padres descubrieron que la joven estaba encinta.

Evidentemente intentaron descubrir cómo había ocurrido y quién era el responsable. Ella se negó a confesar quien había sido el hombre, hasta que, tras mucho acoso, nombró a Hakuin.

Llenos de cólera, los padres se dirigieron a casa del maestro.

—¿Ah, sí? —fue todo lo que él dijo.

Cuando el niño nació, lo llevaron a Hakuin. Para entonces, éste había perdido completamente su reputación ante sus vecinos, lo que no parecía perturbarle demasiado.

Hakuin se hizo cargo del niño y lo cuidó con mucho amor, dándole todo lo que necesitaba.

Un año más tarde, la joven madre no pudo soportarlo más, y confesó a sus padres la verdad: en realidad, el padre del niño era un joven mozo que trabajaba en la pescadería familiar.

Conscientes del enorme error que habían cometido, los padres de la muchacha acudieron al punto a Hakuin para pedirle perdón, deshaciéndose en disculpas y dispuestos a llevarse a la criatura.

Hakuin estuvo de acuerdo. Todo lo que dijo fue:

—¿Ah, sí? —y entregó al niño.»

Una nueva lección zen sobre la absoluta necesidad de aceptar todo lo que nos venga sin rechistar y sin revolvernos contra ello perdiendo energía. El maestro protagonista acepta a ese niño a pesar de lo injusto de la situación, aún sabiendo de forma fehaciente que él no es el padre. A menudo, nos enseña esta doctrina, es mucho mejor actuar de esta manera, adoptar esta postura aparentemente derrotista, antes que enfrentarse al conflicto. En realidad, es mucho más difícil enfrentarse a alguien que, en un momento de rabia parece verlo todo muy claro y actúa obnubilado, que esperar a que las aguas vuelvan a su cauce para que la razón se ponga de nuestro lado.

EL CUENTO DEL ORO Y EL DEDO

«En la China antigua, un ermitaño con poderes mágicos vivía en una montaña profunda. Un día, un

viejo amigo le hizo una visita. Senrin, que así se llamaba el ermitaño, completamente feliz de acogerle, le ofreció una cena y una cálida manta para pasar la noche.

A la mañana siguiente, antes de la partida de su amigo, quiso ofrecerle un regalo. Cogió una piedra y con su dedo la convirtió en un bloque de oro puro.

Su amigo no quedó satisfecho. Senrin apuntó entonces su dedo sobre una enorme roca que también se convirtió en oro. Su amigo no sonrió.

—¿Qué quieres entonces? —preguntó Senrin.

El amigo respondió:

—Quiero ese dedo, ¡córtatelo!»

Uno de los más bellos cuentos zen que se han escrito nunca y que remite al que quizá sea el más famoso de todos: el del dedo y la luna; aquel que, por demasiado conocido, no hemos incluido en esta selección, y que acaba diciendo: «Cuando a un tonto le señalan la luna, se fija en el dedo». El «tonto» de este relato es el avaricioso amigo del protagonista, que estaba convencido de que el dedo era el origen del oro. Para muchas personas, este cuento refleja perfectamente uno de los puntos de vista en los que está instalada la avanzada sociedad occidental. Demasiada gente piensa que el poder de una persona reside en alguna parte que, por definición, debe ser visible: la cartera, la ropa, su belleza... Casi nunca nos paramos a pensar en lo que nos enseña el Zen: las verdaderas cualidades que hacen triunfadora y diferente a una persona, residen y nacen en su interior más profundo. La parte por donde las vemos fluir es sólo la ventana por la que se asoman.

EL ESPEJO DEL COFRE

«A la vuelta de un viaje de negocios, un hombre compró en un mercadillo de la ciudad un espejo, objeto que hasta entonces nunca había visto, ni sabía lo que era. Precisamente esa ignorancia le hizo sentir una enorme atracción hacia ese mágico objeto, pues creyó reconocer en él la cara de su padre. Maravillado, lo compró.

Al volver a casa, sin decir nada a su mujer, lo guardó en un cofre que tenían en el desván. De tanto en tanto, cuando se sentía triste y solo, el hombre iba a «ver a su padre». Su esposa siempre le encontraba misteriosamente afectado cada vez que volvía del desván, así que un día se dedicó a espiarle y vio con asombro cómo abría el cofre y se quedaba mucho tiempo mirando dentro de él.

Algunos días después, cuando el marido se fue a trabajar, la mujer dirigió sus pasos hacia el pequeño desván. Una vez allí, abrió el cofre y vio en él a una mujer cuyos rasgos le resultaban muy familiares. Por mucho que se esforzaba, no lograba descubrir de quién se trataba.

Cuando el marido volvió se produjo una agria pelea matrimonial. La esposa le recriminaba su infidelidad diciéndole que dentro del cofre había una mujer y el marido se defendía asegurándoles y jurándole por sus ancestros que, en realidad, dentro del cofre sólo estaba su padre.

En ese momento, pasó por allí un monje muy venerado por la comunidad y amigo de la familia. Al verlos discutir de una forma tan encarnizada quiso ayudarles a poner paz en su hogar. Los esposos le explicaron el dilema y le invitaron a subir al desván y mirar dentro del cofre. Así lo hizo el monje y ante la sorpresa del matrimonio les aseguró que en el fondo del cofre quien realmente reposaba era un monje zen: él mismo.»

Un evocador cuento zen que, tras su aparente simpleza, esconde múltiples enseñanzas. La primera, y la más obvia de todas, que la ignorancia sólo acarrea problemas. Si el hombre hubiera sabido de entrada que lo que estaba comprando no era más que un simple espejo, se hubiera ahorrado muchos conflictos. Pero más allá de esta interpretación «material», «El espejo del cofre» nos enseña que tenemos que conocernos perfectamente, saber quiénes somos. En el misterioso objeto, el hombre cree ver la cara de su padre fallecido; su esposa sólo puede vislumbrar la cara de una mujer que no conoce y que enseguida ve como una rival que quiere robarle a su marido. Ninguno de ellos sabe realmente cuál es su identidad, cómo son, y, ante su imagen reflejada en el espejo, se sienten confundidos, asustados o ensimismados. Es obvio que el único personaje que sabe realmente quién es, que se ha encontrado verdaderamente a sí mismo, es el monje zen que en el espejo simplemente ve a un monje zen: él mismo.

EL PAÍS DE LA RISA

«El maestro estaba ese día de un talante especialmente comunicativo, y por eso sus discípulos trataron de que les hiciera saber las fases por las que había pasado en su búsqueda de la divinidad.

—Primero —les dijo—, Dios me condujo dulcemente de la mano al País de la Acción, donde permanecí una serie de años. Luego volvió y me condujo al País de la Aflicción, y allí viví hasta que mi corazón quedó purificado de toda afección desordenada. Entonces fue cuando de repente me encontré en el País del Amor, cuyas ardientes llamas consumieron cuanto quedaba en

mí de egoísmo. Tras esta breve estancia, accedí al País del Silencio, donde se desvelaron ante mis asombrados ojos los misterios de la vida y de la muerte.

—¿Y fue ésta la fase final de tu búsqueda? —le preguntaron sus discípulos encantados con tan sabia explicación.

—No —respondió, el Maestro—. Un día me dijo Dios: «Hoy voy a llevarte al santuario más escondido del Templo, al corazón del propio Dios... Y fui conducido al País de la Risa.»

Este relato nos enseña que al final de cualquier camino espiritual debe encontrarse la espontaneidad en estado puro; y nada hay más espontáneo que la risa. Ante la petición de sus discípulos, el maestro zen les explica detalladamente y utilizando bellísimas metáforas su recorrido a través de las diferentes disciplinas de la mente, el cuerpo y el espíritu, hasta aprender a dejar ser lo que «Es» y descubrir la verdadera alegría del alma.

EL SECRETO DE LA EFICACIA

«El venerable Ito Ittosai, incluso después de haberse convertido en un experto y en un famosísimo profesor en el arte del sable, no estaba satisfecho de su nivel. A pesar de sus esfuerzos, tenía conciencia de que desde hacía algún tiempo no conseguía progresar. Ito Ittosai se dirigió entonces a un templo con el fin de descubrir el secreto sublime y oculto del arte del sable. Durante siete días y siete noches estuvo consagrado plenamente a la meditación.

Al alba del octavo día, exhausto y desalentado por no haber conseguido saber algo más, se resignó a volver a su casa, abandonando toda esperanza de conocer el famoso secreto.

Después de salir del templo tomó un camino rodeado de árboles. Cuando apenas había dado unos pasos, sintió de pronto una presencia amenazante detrás de él y sin reflexionar se volvió al mismo tiempo que desenvainaba el sable.

Entonces se dio cuenta de que su gesto espontáneo acababa de salvarle la vida. Un bandido yacía a sus pies con un sable en la mano.»

Un canto a la espontaneidad y al dejarse llevar o, si se prefiere, al «hacer no haciendo». Llegado a un punto de dominio total de su disciplina, el maestro protagonista se angustia por no saber o por no poder ahondar aún más en el noble arte del sable. Buscando una respuesta, se encierra durante una semana en un templo, sin sospechar que la respuesta le espera fuera. La forma espontánea e irreflexiva con la que vence al ladrón, demuestra que sí ha aprendido algo, y que, aunque él esté convencido del fracaso de su empresa, ha sabido ir más allá y ahora es capaz de «hacer no haciendo».

TAL ARMERO, TAL ARMA

«Masamune y Murasama eran dos hábiles armeros que vivieron a comienzo del siglo XIV. *Los dos fabricaban unos sables de gran calidad. Murasama, de carácter violento, era un personaje taciturno e inquieto. Tenía la siniestra reputación de fabricar hojas temibles que empujaban a sus propietarios a entablar combates sangrientos o que, a veces, herían a los que las manipulaban. Sus armas sedientas de sangre rápidamente tomaron fama de maléficas. Por el contrario, Masamune era un forjador de una gran serenidad que practicaba el ritual de la purificación para forjar sus hojas.*

Un día de primavera, un hombre, que quería averiguar la diferencia de calidad que existía entre ambas formas de fabricación, introdujo un sable de Murasama en la corriente del agua de un cristalino río que discurría en el bosque cercano. Cada hoja de árbol que se dejaba llevar por la corriente y que tocaba la hoja de la espada fue cortada en dos. A continuación introdujo un sable fabricado por Masamune. Las hojas evitaban el sable. Ninguna de ellas fue cortada, se deslizaban intactas bordeando el filo, rozándolo apenas. El hombre dio entonces su veredicto:

—La Murasama es terrible, la Masamune es humana.»

La metafórica historia de Masamune y Murasama no es más que una preciosa explicación sobre la condición humana, una poderosa metáfora sobre cómo debemos y cómo no debemos ser. La violenta naturaleza de Murasama convertía a sus espadas en efectivas armas que podían partir en dos las hojas del río. El veredicto del improvisado juez del cuento es inapelable: «Son terribles».

En cambio, la pureza de Masamune convertía a sus armas en algo tan delicado que las hojas bordeaban su afilado filo sin sufrir ningún daño. En palabras del protagonista, «humanas».

Entrando en el terreno de la interpretación, en primer lugar, este relato zen nos dice que nuestra forma de ser deja huella en todo lo que hacemos o decimos. Así, el carácter violento de Murasama tiene su fiel reflejo en sus violentas espadas; mientras que la pureza de Masamune convierte a sus armas en algo muy distinto.

Yendo un poco más allá, en el cuento se nos dice que las armas de Murasama «tenían unas hojas temibles que empujaban a sus propietarios a entablar combates sangrientos o que, a veces, herían a los que las manipulaban». La metáfora es extremadamente clara: si nos mostramos violentos, sólo generaremos violencia a nuestro alrededor e, incluso, llegaremos a herirnos a nosotros mismos. Por el contrario, la gran serenidad y el equilibrio de Masamune se transferían a una espada que no dañaba lo que tocaba, que dejaba que las cosas fluyeran a su alrededor sin destruirlas. Huelga decir que, según las enseñanzas del Zen, todos deberíamos actuar como la espada humana de Masamune, huyendo de la violencia que provoca la terrible espada de Murasama.

VASIJAS DE AGUA

«Un cargador de agua tenía dos grandes vasijas que colgaba a los extremos de un palo y que llevaba encima de los hombros. Una de las vasijas tenía varias grietas, mientras que la otra era perfecta. Esta última conservaba toda el agua al final del largo camino a pie desde el arroyo hasta la casa de su patrón; en cambio, la vasija rota, cuando llegaba, sólo tenía la mitad del agua.

La vasija perfecta estaba muy orgullosa de sus logros, pues se sabía perfecta para los fines para los que fue creada. Pero la pobre vasija agrietada estaba muy avergonzada de su propia imperfección y se sentía miserable porque sólo podía hacer la mitad de todo lo que se suponía que era su obligación.

Después de dos años, la tinaja quebrada no pudo soportarlo más y le habló así al aguador:

—Estoy avergonzada y me quiero disculpar contigo porque debido a mis grietas sólo puedes entregar la

mitad de mi carga y sólo obtienes la mitad del valor que deberías recibir.

El aguador le respondió compasivamente:

—Cuando regresemos a casa, quiero que te fijes en las bellísimas flores que crecen a lo largo del camino.

Así lo hizo la tinaja. En efecto, vio muchísimas flores hermosas a lo largo de camino, pero de todos modos se sentía apenada porque al final, solo quedaba dentro de ella la mitad del agua que debía llevar.

Al llegar a casa, el aguador le dijo:

—¿Te has fijado en que las flores sólo crecen en tu lado del camino? Siempre he sabido que tenías muchas grietas y quise sacar el lado positivo de ese defecto. Sembré semillas de flores a lo largo del camino y todos los días las has regado. Durante estos años, he podido recoger estas flores para decorar el altar de mi Maestro. Si no fueras exactamente como eres, con todos tus defectos, no hubiera sido posible crear tanta belleza.»

Es lícito buscar la perfección, pero nunca debemos consentir que esta búsqueda nos haga sufrir tanto como para no ver todo lo que podemos aportar al mundo y a nosotros mismos. La vasija protagonista estaba tan avergonzada de su imperfección que no se daba cuenta de que precisamente gracias a ella crecían preciosas flores al borde del camino. Esta es la valiosa enseñanza que nos regala este antiquísimo relato, que también nos dice que cada uno de nosotros tiene sus propias grietas. Todos somos vasijas agrietadas, pero debemos saber que siempre existe la posibilidad de aprovechar estos defectos para obtener buenos resultados. La sabiduría consiste en darles la vuelta y ponerlos de nuestra parte, hasta conseguir que luchen a nuestro favor y nunca en contra.

Sin la presencia de Buda, el Zen no tendría razón de ser.

NO ERA IDIOTA

«El Gran Maestro Yagyu Tajima No Kami tenía un mono amaestrado como mascota. Éste asistía a menudo a los entrenamientos de los discípulos. Siendo por naturaleza extremadamente habilidoso para las imitaciones, este mono aprendió la manera de coger un sable y de utilizarlo. Al poco tiempo, se había convertido en un luchador experto.

Un día, un ronin, un errante samurai sin señor, expresó su deseo de confrontar su habilidad en el manejo de la lanza, de forma amistosa, con el Yagyu Tajima. El Maestro le sugirió que combatiera primero con el mono. El visitante se sintió amargamente humillado. Pero el encuentro tuvo finalmente lugar.

Armado con su lanza, el ronin atacó rápidamente al mono que manejaba un shinai, un inofensivo sable de bambú. El animal evitó ágilmente los golpes de la lanza. Pasando al contraataque, el mono consiguió acercarse a su adversario y golpearlo. El ronin retrocedió y puso su arma en una guardia defensiva. Aprovechando la ocasión, el mono saltó sobre el mango de la lanza y desarmó al hombre. Cuando el ronin volvió avergonzado a ver a Tajima éste le hizo la siguiente observación:

—Desde el principio sabía que no serías capaz de vencer al mono.

El ronin, sumamente ofendido, dejó de visitar al Maestro desde ese día. Habían pasado varios meses cuando apareció de nuevo. Muy decidido, se presentó ante Tajima y volvió a expresar su deseo de combatir con el mono.

El Maestro, adivinando que el ronin se había entrenado intensamente, presintió que el mono se negaría a combatir, y no aceptó la petición de su visitante. Pero éste insistió hasta que el Maestro acabó por ceder.

En el mismo instante en el que el ronin se puso frente al mono, el animal arrojó su sable y emprendió la huida gritando.

Tajima No Kami terminó por concluir:

—¿No te lo dije? Sabía que no podías vencerle.»

No es difícil que después de leer este tradicional cuento zen nos venga a la cabeza la recurrente frase: «Una retirada a tiempo es una victoria». Esta es la gran lección que intenta enseñarnos este curioso relato. Como el mono luchador, debemos ser conscientes de nuestras limitaciones y saber perfectamente hasta dónde podemos llegar. Pero también es una invitación en toda regla para que no nos rindamos a la primera de cambio, y para que no consideremos nunca que nadie es inferior que nosotros. El ronin desprecia al mono para, inmediatamente después, sentirse avergonzado por haber sido derrotado por un animal. Pero aprende la lección y se prepara para volver a enfrentarse con él.

El florero de porcelana

«El Gran Maestro y el Guardián se dividían la administración de un tranquilo monasterio zen desde hacía décadas. Cierto día, el viejo Guardián murió y fue preciso sustituirlo. El Gran Maestro reunió a todos los discípulos para escoger quién tendría la honra de trabajar directamente a su lado.

—Voy a plantearos un problema —dijo el Gran Maestro—, y aquél que lo resuelva primero, será el nuevo Guardián del Templo.

Terminado su corto discurso, colocó un banquito en el centro de la sala. Encima puso un exquisito florero de porcelana con una preciosa rosa roja dentro.

—Este es el problema, resolvedlo.

Los discípulos contemplaron perplejos el «problema». Sólo podían ver los diseños sofisticados de la porcelana, la frescura y la elegancia de la flor fresca. ¿Qué representaba todo aquello? ¿Qué se supone que debían hacer? ¿Cuál era el enigma del que hablaba su Maestro?

Pasó el tiempo sin que nadie atinase a hacer nada salvo contemplar el «problema», hasta que uno de los discípulos se levantó, miró al Maestro y a los alumnos, caminó resueltamente hasta el florero y lo tiró al suelo, destruyéndolo.

—¡Al fin alguien que lo ha entendido! —exclamó el Gran Maestro—. Tú serás el nuevo guardián.»

El Gran Maestro lo dice muy claro al plantear el acertijo a sus alumnos: «estáis delante de un problema». El único pupilo que realmente entiende esta frase es aquel que no duda en levantarse y destruir el florero.

Este relato nos enseña que no importa cuán bello y fascinante sea un problema. Un problema siempre es un problema y debemos deshacernos de él lo más rápidamente posible.

No importa si es una preciosa historia de amor que se ha acabado o una traición de un amigo; lo que realmente cuenta es saber cuándo debemos dejar de envenenarnos, descubrir el momento preciso en el que un camino precisa ser abandonado, por más que insistamos en recorrerlo una y otra vez.

«Sólo existe una manera de lidiar con un problema», nos enseña el Zen, «atacándolo de frente». En esos momentos, no se puede tener piedad, ni ser tentado por el lado fascinante que cualquier conflicto acarrea consigo.

CABALGAR SOBRE EL VIENTO, FLOTAR CON LAS NUBES

«Lie Tse consideraba un auténtico maestro al inmortal anciano Shang, y un auténtico amigo al sabio Pai-kao-tse.

Tras acabar su formación con ellos, regresó a su hogar montado en el viento y flotando sobre las nubes.

Un hombre llamado Yin-sheng se enteró de la hazaña de Lie Tse y quiso aprender su extraordinaria habilidad para cabalgar sobre el viento. Así pues, acudió a Lie Tse y le pidió que le dejase ser discípulo suyo. Tan determinado estaba Yin-sheng a aprender a volar que se quedó en la casa de Lie Tse asediando al maestro con sus continuas preguntas.

Esta situación se alargó durante varios meses, a pesar de que Lie Tse se limitaba a ignorarlo.

Yin-sheng empezó a impacientarse cada vez más, hasta que un día se marchó completamente enfadado. Pero cuando llegó a su casa y se calmó, se dio cuenta de lo estúpido e impulsivo que había sido, así que acudió a Lie Tse y le pidió que le permitiese de nuevo ser discípulo suyo. Lie Tse se limitó a preguntarle:

—¿Por qué viniste, te fuiste y a continuación regresaste?

Yin-sheng le respondió:

—Cuando vine por primera vez a que me enseñases, me ignoraste. Así que me aburrí y me fui. A continuación, me di cuenta de que había sido demasiado impaciente y temerario, y por ello volví y te pedí que me aceptases de nuevo como discípulo.

Lie Tse le contestó:

—Pensé que eras inteligente, pero ahora veo que eres muy tonto. Escucha por todo lo que tuve que pasar yo cuando aprendía de mis maestros:

Cuando pedí al Anciano Shang que fuera mi maestro y a Pai-kao-tse que fuera mi amigo, decidí esforzarme para disciplinar al máximo mi cuerpo y mi mente.

Después de tres años, aún temía dejarme llevar por conceptos sobre lo correcto y lo equivocado, y no me atrevía a pronunciar palabras que pudieran ofender o agradar. Fue sólo entonces cuando mi maestro me hizo un mínimo caso por primera vez.

Cinco años después, yo pensaba libremente sobre lo correcto y lo equivocado y hablaba con libertad sobre la aprobación y la desaprobación. Mi maestro me sonrió.

Siete años después, mis pensamientos me llegaban de forma natural sin ningún concepto sobre lo correcto y lo equivocado, y las palabras acudían de forma natural sin ninguna intención de agradar u ofender. Por primera vez, mi maestro me invitó a sentarme a su lado.

Nueve años después, en cualquier cosa que venía a mi mente o salía de mi boca, no había nada correcto ni equivocado, que agradase u ofendiese. Ni siquiera mantenía la idea de que el anciano Shang era mi maestro y Pai-kao-tse era mi amigo.

Fue entonces cuando me di cuenta de que no existía ninguna barrera entre lo que había dentro y lo que había fuera. Mi cuerpo se iluminó con una brillante luz. Oía con mis ojos y veía con mis oídos. Utilizaba mi nariz como boca y mi boca como nariz. Viví el mundo con la totalidad de mis sentidos cuando mi espíritu se unió y mi forma se disolvió. No había ninguna distinción entre músculos y huesos. Mi cuerpo dejó de ser pesado y me sentí como una hoja flotante. Sin saberlo, estaba siendo transportado por el viento. A la deriva de un lado para otro, no sabía si yo cabalgaba sobre el viento o el viento cabalgaba sobre mí.

Una vez concluido su relato, el Maestro miró a Yin-sheng y dijo:

—Tú has estado aquí menos de una hora y ya estabas insatisfecho de no haber sido enseñado. Observa tu condición. Las partes de tu cuerpo no cooperan; los vapores del cielo y de la tierra no entran en tu cuerpo; tus articulaciones y huesos son tan pesados que ni siquiera puedes moverte. ¿Y tú quieres aprender cómo cabalgar sobre el viento?»

«Cabalgar sobre el viento, flotar con las nubes» es uno de los cuentos zen más antiguos que se conocen. Este bello relato también es uno de los que mejor recoge la que podría ser una de las enseñanzas principales de la doctrina zen: el valor de la paciencia. Conseguir aquello que queremos o deseamos lleva su tiempo. En el caso de este cuento, lograr cabalgar sobre el viento no es una habilidad que pueda conseguirse en cuestión de horas. En realidad, la capacidad del Maestro Lie Tse no es más que una metáfora del grado de iluminación supremo al que ha llegado gracias a las enseñanzas de sus Grandes Maestros. Lie Tse ha logrado, como nos explica hacia el final del relato, liberarse del peso de su propio cuerpo y de las cadenas del mundo terrenal. Pero a cambio, ha invertido muchísimo tiempo y esfuerzo. Algo que no está demasiado dispuesto a comprender su impaciente discípulo, Yin-sheng. Ofendido porque su maestro no le dirige la palabra, abandona sus estudios apenas unas horas después de comenzarlos. Una actitud que más tarde, cuando regrese avergonzado, Lie Tse le afeará haciéndole ver que él tuvo que esperar años para que su Maestro se dignara a mirarlo. Una auténtica lección sobre el inmenso valor de la paciencia en unos tiempos en los que no estamos acostumbrados a esperar y mucho menos a invertir tiempo y esfuerzo en conseguir aquello que queremos.

EL MOSCARDÓN Y EL MAESTRO

«El calor del verano era sofocante y el sudor corría por la frente del samurai. En el exterior del templo, unas pequeñas campanillas furin pendían de la entrada. Ni siquiera una ligera brisa les arrancaba el más mínimo sonido.

El hombre se descalzó, subió al entarimado de madera de la entrada, y saludó con una reverencia al primogénito del maestro de kenjutsu a cuya lección del día pretendía asistir.

La fama de este maestro era conocida en varias provincias, aunque se decía que la edad y la enfermedad estaban minando lentamente la salud del anciano. Pronto su hijo heredaría la escuela y enseñaría en su lugar.

El samurai, afiliado a un clan y experto también en el manejo de la katana, tenía permiso expreso de su señor para recorrer el país como lo hacían otros muchos samurais y ronin en estos tiempos de relativa paz.

Los alumnos se sentaban alineados a lo largo de la pared, en actitud concentrada y respetuosa, esperando la entrada del maestro.

El samurai fue conducido por el primogénito hasta el lugar de honor y ambos tomaron asiento. Casi enseguida sus semblantes se volvieron inexpresivos, mirando al frente y entrando en un estado de meditación y recogimiento.

En el silencio del lugar se oía como un trueno el zumbido de un moscardón que vagaba de un lado a otro, posándose donde se le antojaba.

Un instante después el anciano maestro hizo su entrada deslizando muy suavemente sus pies sobre la pulida madera.

Después de los saludos rituales, su figura erguida en el centro de la sala era la imagen perfecta del guerrero a punto de comenzar un combate, ese estado de calma, de vacío, de presencia en el instante y a la vez distancia y desapego, característico de los practicantes formados en la Vía.

El maestro desenvainó su katana y en un solo movimiento, sin interrupciones ni cambios de ritmo perceptibles, trazó dos tajos perfectos en el aire que habrían sido suficientes para terminar con la vida de un enemigo imaginario.

El silbido producido por la hoja de la espada fue similar al de un junco agitado en el aire, pero infinitamente letal en su sencillez. El tenue deslizar de los pies. El ruido seco de las ropas. Eran los únicos sonidos que se escuchaban. Pero no, también estaba el del dichoso moscardón que había tomado obcecado interés en el maestro y estaba posándose en una de sus manos, justo en uno de los momentos de mayor tensión interior...

El maestro, impasible, continuó la kata, aparentemente ajeno a la tozudez del insecto. Pero al finalizar uno de los giros, cambió el movimiento y lanzó un tajo hacia la pequeña figura negra que escapó milagrosamente.

El samurai tomó nota del hecho, la hoja había pasado muy cerca, pero si la intención era lucirse cortando en el aire al moscardón, el maestro había fallado en su intento.

Cuando al fin el maestro desapareció por una puerta situada al final de la sala, los alumnos levantaron sus frentes del suelo y salieron en silencio, preparándose para una sesión de entrenamiento.

El samurai se acercó al hijo del maestro y comentó en voz baja:

—Es una lástima que el maestro se haga anciano y pierda el pulso que le ha hecho legendario en todo Japón.

—¿Por qué lo dices? —contestó el primogénito.

—Porque al lanzar ese tajo al moscardón no ha conseguido alcanzarle, quizás por milímetros, pero se le ha escapado.

El otro hombre sonrió.

—Cierto, ha escapado vivo. Pero no te equivoques... Ya no podrá tener descendencia...»

Este divertidísimo relato zen puede parecer simplemente un chiste pensado para sorprender y hacer reír, pero como ocurre con todos los cuentos que hemos ido comentando hasta ahora, esconde una buena dosis de sabiduría. A lo largo del relato se nos insiste tanto en la destreza del maestro con su katana como en su perfecta sintonía con la Vía, con el camino del zen. Así, se nos habla de «ese estado de calma, de vacío, de presencia en el instante y a la vez distancia y desapego». Precisamente, en el momento en el que tiene que enfrentarse con el pesado moscardón, el Maestro escoge utilizar sus habilidades zen en detrimento de su destreza con las armas. De esta forma, no sólo consigue acabar con el problema más inmediato —el moscardón huye aterrorizado—, sino que también acaba con problemas futuros castrándolo.

HISTORIA DE MIAU

«Un feroz samurai, un gran y temido guerrero, pescaba apaciblemente a la orilla de un río. Al cabo de un buen rato, pescó un pez. Dándose por satisfecho, se dirigió hacia su casa pensando en cómo cocinarlo.

Una vez allí, y nada más depositar el pez sobre una pequeña mesita de madera que tenía en la cocina, un gato saltó ágilmente y le robó su presa. El enfurecido samurai no se lo pensó dos veces, sacó su sable y de un golpe partió el gato en dos. El problema estaba aparentemente solucionado, pero el guerrero era un budista ferviente y el remordimiento de haber matado a un ser vivo no le dejaba vivir en paz.

Al entrar en casa, el susurro del viento en los árboles murmuraba «miau».

Las personas con la que se cruzaba parecían decirle «miau».

La mirada de los niños reflejaba maullidos.

Cuando se acercaba, sus amigos maullaban sin cesar.

Todos los lugares y las circunstancias proferían «miaus» lacerantes que le castigaban el alma.

De noche no soñaba más que «miaus».

De día, cada sonido, pensamiento o acto de su vida se transformaba en un «miau».

Toda su vida, él mismo, se había convertido en un maullido.

Su estado no hacía más que empeorar. La obsesión le perseguía, le torturaba sin tregua ni descanso.

Al cabo de algunos meses de tortura, y viendo que los maullidos no desaparecían, el samurai se dirigió al templo para pedirle consejo a un viejo maestro zen.

Nada más entrar por la puerta del monasterio, rompió a llorar y entre sollozos le dijo:

—Por favor, te lo suplico, ayúdame, libérame.

El Maestro le respondió:

—Eres un guerrero, ¿cómo has podido caer tan bajo? Si no puedes vencer por ti mismo los «miaus», mereces la muerte. No tienes otra solución que hacerte el seppuku (suicidio ritual). Aquí y ahora. Sin embargo, soy monje y tengo piedad de ti. Cuando comiences a abrirte el vientre, te cortaré la cabeza con mi sable para acortar tu sufrimiento.

El samurai accedió y, a pesar de su miedo a la muerte, se preparó para la ceremonia. Cuando todo estuvo dispuesto, se sentó sobre sus rodillas, tomó su puñal con ambas manos y lo orientó hacia el vientre. Detrás de él, de pie, el Maestro blandía su sable.

—Ha llegado el momento —le dijo—, empieza.

Lentamente, el samurai apoyó la punta del cuchillo sobre su abdomen. Entonces, el maestro le preguntó:

—¿Oyes ahora los maullidos?

—Oh, no. ¡Ahora no!

—Entonces, si han desaparecido, no es necesario que mueras.»

Este cuento nos enseña que todos somos muy parecidos a ese temeroso samurai. Vivimos ansiosos y atormentados con nuestros propios «miaus», convertidos en auténticos quejicas, y dejamos pasar la vida sin disfrutarla por estar demasiado centrados en nuestros problemas. Este relato intenta transmitirnos que, si se miran con distancia, o si se comparan con auténticas tragedias irreversibles, como sería el caso de la muerte, los problemas que nos preocupan no tienen ni más ni menos que la importancia que les otorgamos. Son parecidos al «miau» atormentador de la historia. Fantasmas que desaparecen cuando nos encontramos delante de un auténtico problema.

LA TAZA VACÍA

«Cuenta una vieja leyenda que un famoso guerrero fue de visita a la casa de un no menos conocido maestro zen. Al llegar, se presentó ante el anciano explicándole todos los títulos que había obtenido en años de sacrificados y largos estudios.

Después de tan erudita presentación, le contó al Maestro que había ido a visitarle para que le explicara con todo detalle los secretos para poder iniciarse en el conocimiento del Zen.

Después del despliegue de tanta arrogancia, el anciano se limitó a invitar al visitante a tomar asiento y a ofrecerle una taza de té.

Aparentemente distraído, sin dar muestras de mayor preocupación, el maestro comenzó a verter té en la taza del guerrero, y continuó vertiendo té aún después de que la taza estuviera completamente llena.

Consternado, el guerrero advirtió al maestro de que la taza ya estaba llena, y de que el té estaba comenzando a escurrirse lentamente por la mesa.

El maestro le respondió con toda la tranquilidad del mundo:

—Exactamente señor. Usted ya viene con la taza llena, ¿cómo podría usted aprender algo?

Ante la expresión incrédula del guerrero el maestro enfatizó:

—A menos que su taza esté vacía, no podrá aprender nada.»

«La taza vacía» incide en una de las enseñanzas más importantes de la doctrina zen: la necesidad de estar vacío para poder recibir todo aquello que puede llenarnos. Aplicado al mundo del conocimiento, esto implica que no podemos hacer como el protagonista de este cuento y sentirnos absolutamente orgullosos de los logros y enseñanzas que hemos conseguido a lo largo del tiempo. Pensar que lo sabemos todo, o al menos muchas cosas, nos impide aprender más, y hace que no estemos lo suficientemente abiertos y receptivos como para ir asimilando nuevas enseñanzas. Pero además, y ésta es otra de las enseñanzas que nos regala este relato, mostrarnos demasiado orgullosos de nuestros logros, caer en la autosatisfacción nos impide, como le ocurre al guerrero protagonista, avanzar y seguir creciendo.

PERSIGUIENDO DOS CONEJOS

«Un estudiante de artes marciales se aproximó al maestro con una pregunta.

—Quisiera mejorar mi conocimiento de las artes marciales. Para conseguirlo, además de aprender contigo quisiera aprender con otro maestro, para dominar otros estilos distintos a los que tú defiendes. ¿Qué piensas de esta idea, Maestro?

Mirándolo tranquilamente, el maestro se limitó a responderle:

—El cazador que persigue dos conejos no atrapa ninguno.»

Este breve relato zen casi se explica por sí mismo. Es evidente que para conseguir alcanzar una meta debemos centrarnos únicamente en ella, dedicándole todos nuestros esfuerzos y el tiempo que sea necesario. Como afirma el refrán castellano: «Quien mucho abarca, poco aprieta»; exactamente el mismo mensaje que intenta transmitirnos este cuento.

EL VALOR DE LAS COSAS

«Una mañana de primavera, apenas el sol había comenzado a despuntar por detrás del monasterio, un apesadumbrado discípulo se dirigió así a su anciano maestro:

—Vengo, maestro, porque me siento tan poca cosa que no tengo fuerzas para hacer nada. Me dicen que no sirvo, que no hago nada bien, que soy torpe y bastante tonto. ¿Cómo puedo mejorar? ¿Qué puedo hacer para que me valoren más?

El maestro, sin apenas mirarlo, le respondió:

—Cuánto lo siento, muchacho, no puedo ayudarte, debo resolver primero mi propio problema. Quizás después...

Y haciendo una pausa, agregó:

—Si quisieras ayudarme tú a mí, yo podría resolver este tema con más rapidez y después tal vez te pueda ayudar.

—Eh... encantado, maestro —titubeó el joven, pero sintió que otra vez era menospreciado y sus necesidades postergadas.

—Bien —asintió el maestro.

El anciano se quitó entonces un anillo que llevaba en el dedo pequeño de la mano izquierda y, dándoselo al muchacho, agregó:

—Toma el caballo que está allí fuera y cabalga hasta el mercado. Debo vender este anillo porque tengo

que pagar una deuda. Es necesario que obtengas por él la mayor suma posible, pero no aceptes menos de una moneda de oro. Vete ya y regresa con esa moneda lo más rápido que puedas.

El joven tomó el anillo y partió.

Apenas llegó, empezó a ofrecer el anillo a los mercaderes. Éstos, al principio, lo miraban con algún interés, hasta que el joven decía lo que pretendía cobrar por el anillo. Cuando el joven mencionaba la moneda de oro, algunos reían, otros le giraban la cara y sólo un viejecito fue tan amable como para tomarse la molestia de explicarle que una moneda de oro era muy valiosa para entregarla a cambio de un anillo. Queriendo ayudarle, alguien le ofreció una moneda de plata y un cacharro de cobre, pero el joven tenía instrucciones de no aceptar menos de una moneda de oro, y rechazó la oferta.

Después de ofrecer su joya a todo aquel que se cruzaba con él en el mercado y completamente abatido por su fracaso, montó en su caballo y regresó a casa de su maestro.

¡Cuánto hubiera deseado el joven tener él mismo esa moneda de oro! Podría entonces habérsela entregado al maestro para liberarlo de su preocupación y recibir entonces su consejo y ayuda. Pero no la tenía y debía enfrentarse a su cruda realidad. Así que, sin más preámbulos, entró en la habitación del anciano.

—Maestro —dijo—, lo siento mucho, pero no he podido conseguir lo que me pediste. Quizás pudiera venderlo por dos o tres monedas de plata, pero no creo que sea capaz de engañar a nadie respecto del verdadero valor del anillo.

—Qué importante lo que dijiste, joven amigo —contestó sonriente el maestro—. Debemos saber primero el

verdadero valor del anillo. Vuelve a montar y vete al joyero. ¿Quién mejor que él, para saberlo? Dile que quisieras vender el anillo y pregúntale cuánto te da por él. Pero no importa lo que te ofrezca, no se lo vendas. Una vez sepas el precio, vuelve aquí con mi anillo.

El joven volvió a cabalgar.

El joyero examinó el anillo a la luz del candil, lo miró con su lupa, lo pesó y luego le dijo:

—Dile al maestro, muchacho, que si lo quiere vender ahora mismo, no puedo darle más que 58 monedas de oro por él.

—¡¿¿58 monedas??! —exclamó el joven.

—Sí —replicó el joyero—. Sé que disponiendo del tiempo suficiente podríamos obtener por él cerca de 70 monedas, pero no sé... Si la venta es tan urgente...

El joven corrió emocionado a casa del maestro a contarle lo sucedido.

—Siéntate —dijo el maestro después de escucharlo—. Tú eres como este anillo: una joya, valiosa y única. Y como tal, sólo puede evaluarte verdaderamente un experto. ¿Qué haces por la vida pretendiendo que cualquiera descubra tu verdadero valor?

Y diciendo esto, volvió a ponerse el anillo en el dedo pequeño de su mano izquierda.»

Es evidente que «El valor de las cosas» no habla ni más ni menos que del valor que tenemos nosotros mismos, es decir, del valor que nos damos y del valor que nos otorgan los demás a través de sus acciones y de sus palabras. El discípulo protagonista se tiene en tan poca estima que transmite ese sentimiento a sus compañeros que, posiblemente hartos de sus quejas y de sus lamentaciones, han optado por no hacerle demasiado caso, por no valorarlo. Pero el viejo y sabio maestro, a través de la estratagema del anillo, le enseñará, y nos enseñará a nosotros como lectores, dos cosas. La primera, que no podemos pretender que todo el mundo nos valore; la segunda, que a menudo valemos más de lo que nosotros mismos creemos.

OJO CON LAS APARIENCIAS

«Dos monjes budistas, hermanos entre sí, vivían en un monasterio. El mayor estaba muy instruido en todos los temas budistas, mientras que el otro a duras penas entendía los aspectos más básicos de su filosofía; además era tuerto.

Un día llegó cierto monje vagabundo buscando alojamiento y comida. Sabiendo que si una persona en su situación propone un debate a los habitantes de un monasterio y vence tiene derecho a quedarse, solicitó tener un debate con sus moradores sobre la enseñanza suprema del Zen. Como el mayor de los hermanos no se encontraba aquel día muy bien, le pidió al menor que se encargara del monje mendicante, con la consigna de que hablase lo menos posible, pues conocía la escasez de conocimientos de su hermano menor.

El monje tuerto se enfrentó en un duro y corto debate con el monje vagabundo, tras lo cual este último fue a felicitar al hermano mayor por la suerte que tenía de contar con un compañero tan docto. El hermano mayor pidió al vagabundo que le explicase cómo se había desarrollado el dichoso debate, ya que estaba perplejo ante los comentarios de este monje sobre su hermano, al que consideraba más bien corto de luces.

—Pues bien —comenzó el vagabundo—, tu hermano me pidió que el debate transcurriera en silencio, ante lo cual yo levanté mi dedo índice para representar

al Buda. Entonces tu hermano respondió levantando dos dedos, dando a entender de esta manera que una cosa era el Buda y otra distinta su enseñanza. En ese momento yo levanté tres dedos, para representar al Buda, el Dharma (sus enseñanzas) y la Sangha (la comunidad de fieles). Su respuesta fue un puñetazo directo a mi cara, a la usanza de los antiguos maestros, quedándome claro de esta manera que todo procede de la Mente Única. Así que debo marcharme al haber sido derrotado.

Acto seguido, el monje vagabundo abandonó el monasterio, dejando atónito al hermano mayor, que hasta ese día había tenido a su joven hermano por persona de poco entendimiento.

Al poco, llegó el hermano menor muy enojado, preguntando por el monje errante. Su hermano mayor, aún no recuperado de la sorpresa, le preguntó entonces:

—¿Qué fue lo que pasó en tu debate con el monje?

A lo que el otro contestó:

—Que cuando lo coja será tal la paliza que le daré, que no lo reconocerán ni los de su familia.

—Espera —repuso el mayor— y cuéntame como se desarrolló el debate.

—No hubo tal debate —contestó el menor de los hermanos— pues tal como nos sentamos para debatir sobre algún tema, yo le pedí que lo realizásemos en silencio, y por respuesta me insultó. Levantó un dedo recordándome que yo tan sólo tengo un ojo, a lo que yo le contesté levantándole dos dedos, significándole con esto que debía sentirse dichoso porque él tenía los dos ojos sanos. Entonces me levantó tres dedos, indicándome que aun así entre los dos tan sólo teníamos tres ojos buenos, con lo que yo me sentí muy enojado y le golpeé en la cara. Eso ha sido todo, pero por lo que veo se ha asustado y ha huido.»

Este divertido relato zen nos regala una lección tan simple como valiosa: la realidad no siempre es igual para todos los que están implicados en un hecho determinado. Cada persona lo interpretará a su manera en función de sus capacidades. Lo que para el monje tuerto es un simple insulto que debe ser vengado a puño limpio, para el monje vagabundo es un despliegue de sabiduría sin precedentes que merece recibir todos los parabienes. Pero «Ojo con las apariencias» es también un aviso para navegantes, una encomienda a no hacer como el monje vagabundo y dejarnos impresionar por lo que aparentemente parece un enorme despliegue de sabiduría. Puede ser, como en este caso, que detrás de tan fastuoso decorado se esconda el vacío más absoluto.

EL MILAGRO

«Bankei estaba un día hablando tranquilamente a sus discípulos cuando su discurso fue interrumpido por un monje de otra religión.

—Nuestros fieles —dijo el recién llegado— creen en el poder de los milagros.

Bankei, sorprendido por su seguridad al hablar, le preguntó entonces qué era lo que quería decir exactamente.

El monje comenzó a alardear entonces de que el fundador de su religión podía quedarse sentado y quieto durante meses o dejar de respirar durante muchos días y pasar por el fuego sin quemarse.

Una vez acabado su discurso repleto de maravillas, le preguntó al Maestro Bankei:

—¿Qué milagros puedes hacer tú?

Bankei respondió tranquilamente:

—Apenas uno: cuando tengo hambre, como, y cuando estoy sediento, bebo.»

Una muestra más de la defensa a ultranza que el Zen realiza de la mesura y de la modestia. Ante el ostentoso despliegue del monje recién llegado, Bankei, sin perder la compostura, se limita a señalar los pequeños «milagros» que él puede realizar: comer y beber. Pero en este relato, y relacionado con esto, también se nos vuelve a hablar de otro de los temas recurrentes en muchos cuentos zen: la santificación de las tareas cotidianas. Para Bankei, el simple hecho de comer o de beber también es un milagro.

UNA ENSEÑANZA ACELERADA

«Matajuro Yagyu, hijo de un célebre Maestro del sable, fue repudiado por su padre, quien creía que las cualidades de su hijo eran demasiado mediocres para poder hacer de él un maestro.

Matajuro, que a pesar de todo había decidido convertirse en un gran maestro de sable, partió hacia el monte Futara para encontrar al célebre Maestro Banzo. Pero, una vez dio con él, Banzo confirmó el juicio de su padre:

—No reúnes las condiciones.

—¿Cuántos años me costará llegar a ser Maestro si trabajo muy duro? —insistió el joven.

—El resto de tu vida —respondió Banzo.

—No puedo esperar tanto tiempo. Estoy dispuesto a soportarlo todo para seguir sus enseñanzas. ¿Cuánto tiempo me llevará si trabajo como servidor suyo en cuerpo y alma?

—¡Oh, tal vez diez años!

—Pero usted sabe que mi padre se está haciendo viejo... pronto tendré que cuidar de él. ¿Cuántos años hay que contar si trabajo más intensamente?

—¡Oh, tal vez treinta años!

—¡Usted se burla de mí! Antes eran diez, ahora treinta. Créame, haré todo lo que haya que hacer para dominar este arte en el menor tiempo posible.

—¡Bien, en ese caso, se tendrá que quedar usted sesenta años conmigo! Un hombre que quiere obtener resultados tan deprisa no avanzará rápidamente —añadió Banzo.

—Muy bien —declaró Matajuro, comprendiendo por fin que le reprochaba su impaciencia—. Acepto ser su servidor.

El Maestro le pidió entonces a Matajuro que no hablara más de lucha, ni que tocara jamás un sable, sino que le sirviera, le preparara la comida, le arreglara su habitación, que se ocupara del jardín... Ni siquiera estaba autorizado a observar el entrenamiento de los demás alumnos.

Pasaron tres años. Matajuro seguía trabajando muy duramente. A menudo pensaba en su triste suerte; aún no había tenido la posibilidad de estudiar el arte al que había decidido consagrar su vida.

Sin embargo, un día, cuando hacía las tareas de la casa, rumiando sus tristes pensamientos, Banzo se deslizó detrás de él en silencio y le dio un terrible bastonazo con un sable de madera. Al día siguiente, cuando Matajuro preparaba el arroz, el Maestro le atacó de nuevo de una manera completamente inesperada. A partir de ese día, Matajuro tuvo que defenderse, día y noche, contra los ataques por sorpresa de Banzo.

Debía estar en guardia a cada instante, siempre plenamente despierto, para no probar el sable del Maestro. Aprendió tan rápidamente que su concentración, su rapidez y una especie de sexto sentido, le permitieron muy pronto evitar los ataques de Banzo. El Maestro le anunció que ya no tenía nada más que enseñarle.»

Meditar, interiorizar, visualizar y vivir la armonía: principios básicos del Zen.

«Una enseñanza acelerada» es precisamente una auténtica oda a lo contrario, un encendido elogio de la paciencia. Una virtud que el impetuoso Matajuro no parece poseer al principio del relato: él se cree capaz de todo y, además, capacitado para conseguirlo en un tiempo récord. El Maestro le hará comprender que no es así.

Pero este bello relato también entronca con otros cuentos que loan el «hacer no haciendo» o, para acercarnos más a la realidad, el «aprender no aprendiendo». Aunque a veces nos parezca que lo que estamos haciendo no sirve para nada, o que los frutos que deseamos alcanzar tardan demasiado, un día, como le sucede a Matajuro en este cuento, nos daremos cuenta de que en realidad sí ha valido la pena tanto esfuerzo.

LA APUESTA DEL VIEJO GUERRERO

«El Señor Naoshige le dijo un día a Shimomura Shoun, uno de sus más viejos samurais:

—La fuerza y el vigor del joven Katsuchige son admirables para su edad. Cuando lucha con sus compañeros vence incluso a los mayores que él.

—A pesar de que ya no soy joven, estoy dispuesto a apostar que no conseguirá vencerme —afirmó el anciano Shoun.

Para Naoshige fue un placer organizar el encuentro que tuvo lugar esa misma noche en el patio del castillo, ante la algarabía de un nutrido grupo de samurais. Todos estaban impacientes por ver lo que le iba a suceder al viejo Shoun.

Nada más empezar el encuentro, el joven y poderoso Katsushige se precipitó sobre su frágil adversario agarrándolo firmemente, decidido a hacerlo picadillo. Shoun estuvo a punto de caer varias veces al suelo. Sin embargo, ante la sorpresa general, cada vez se recuperaba en el último momento. El joven, exasperado, intentó dejarle caer de nuevo poniendo toda su fuerza en el empeño, pero esta vez, Shoun aprovechó hábilmente su movimiento y fue él quien desequilibró a Katsushige arrojándolo al suelo.

Después de ayudar a su adversario semi-inconsciente a levantarse, se acercó al señor Naoshige y le dijo:

—Sentirse orgulloso de la fuerza que se posee, cuando aún no se domina la fogosidad, es como vanagloriarse públicamente de los propios defectos.»

Este clásico cuento zen pertenece al nutrido grupo de relatos que no dejan lugar a dudas sobre su significado. El parlamento final del viejo guerrero Shoun es una auténtica y muy útil moraleja que nos advierte sobre el siempre traicionero orgullo.

NANGANKU Y BA

«Tras la muerte de su maestro, Ba se convirtió en monje peregrino, lo cual significaba que no debía pasar más de una noche en un mismo sitio. Así estuvo peregrinando, sin morada fija, hasta llegar al monte Heng, en la provincia de Hunan, al sur del gran río Yangtsé.

Cerca de un monasterio solitario, en una roca, se hizo una cabaña de ramas y empezó a dedicarse al zazen día y noche, inmóvil como un yogui de la India.

Al otro lado de la misma montaña de Heng vivía Nangaku, discípulo de Eno, el sexto patriarca Zen, desde hacía catorce años. En sus paseos, Nangaku se había fijado varias veces en aquel monje inmóvil. Un día, la curiosidad pudo más que la timidez; se paró y le dijo:

—¿Qué haces?

—Hago zazen —contestó Ba.

—¿Y qué quieres conseguir con eso? —preguntó Nangaku.

—Alcanzar la iluminación.

Nangaku no dijo nada. Fue a recoger una teja caída del techo del monasterio y empezó a frotarla contra una piedra. Después de observarlo con curiosidad durante un largo rato, Ba le preguntó:

—¿Qué haces?

—Estoy frotando una teja contra una piedra.

—¿Para qué? —preguntó Ba.

—Para convertirla en un espejo.

Ba se echó a reír. Observando su reacción, Nangaku le dijo:

—Igual de complicado lo tienes tú para convertirte en un iluminado simplemente sentándote aquí durante días.»

Éste es uno de los más hermosos relatos zen que se hayan escrito nunca. «Nangaku y Ba» nos enseña que alcanzar la iluminación no significa simplemente sentarse y esperar a que llegue, por mucho *zazen* que estemos practicando. A Ba se le estaba olvidando lo más importante: vivir. El sabio Nangaku le hace ver lo inútil de su empresa comparándola con el estéril intento de convertir una teja en un espejo.

Muchos han querido ver este relato como un aviso para todos aquellos occidentales que, viendo la práctica zen de una forma absolutamente distorsionada, piensan que la meditación es una panacea que va a otorgarles todos los bienes.

LA CONCENTRACIÓN Y LA PIEDAD

«Un joven, preso de la amargura, acudió a un monasterio en Japón y le confesó a un anciano maestro:

—Querría alcanzar la iluminación pero soy incapaz de soportar los años de retiro y meditación. ¿Existe un camino rápido para alguien como yo?

—¿Te has concentrado a fondo en algo durante tu vida? —le preguntó el monje.

—Sólo en la práctica del ajedrez —contestó el joven después de pensárselo un buen rato.

El maestro llamó entonces a otro monje y le susurró algo al oído. Pasados unos minutos, trajeron un tablero de ajedrez y una espada afilada que brillaba al sol.

—Ahora vas a jugar una partida muy especial de ajedrez. Si pierdes, te cortaré la cabeza con esta espada; si ganas se la cortaré a tu adversario.

La mortal partida dio comienzo. El joven notaba las pequeñas gotas de sudor recorriendo su espalda. El tablero se convirtió en el mundo entero. Se identificó con él y formó parte de él. Empezó perdiendo, pero su adversario cometió un desliz. Sin darle tiempo a reaccionar, aprovechó la ocasión para lanzar un fuerte ataque que cambió su suerte. Entonces miró de reojo a su anciano adversario. Vio su rostro inteligente y sincero, marcado por años de esfuerzo. Evocó su propia vida, ociosa y banal... Y de repente se sintió tocado por la piedad. Así que cometió un error voluntario y luego otro, y otro más... Iba a perder. Viéndolo, el maestro arrojó el tablero al suelo y las piezas se mezclaron.

—No hay vencedor ni vencido —dijo—. No caerá ninguna cabeza.

Se volvió hacia el joven y añadió:

—Dos cosas son necesarias: la concentración y la piedad. Hoy has aprendido las dos.»

«La concentración y la piedad» comienza siendo un clásico relato zen que apunta a la impaciencia como el mayor de los males. El joven protagonista, como muchos de los que hemos ido viendo a lo largo de este capítulo, quiere alcanzar una meta, pero quiere conseguirlo ya, no quiere perder ni un segundo de su tiempo. El sabio Maestro, entendiendo a la perfección estas carencias, le reta a enfrentarse en una mortal partida de ajedrez contra un anciano monje. A lo largo del enfrentamiento, el joven aprenderá primero una de las virtudes que desconocía tener: la paciencia. Enfrentado a la perspectiva de una dolorosa muerte, el disperso jovencito no tiene más remedio que hacer del tablero un mundo y olvidarse de todo lo demás. Pero aún descubrirá más entre movimiento y movimiento. Como nos relata el cuento, en un momento determinado el muchacho miró a su oponente y «vio su rostro inteligente y sincero, marcado por años de esfuerzo. Evocó su propia vida, ociosa y banal... Y de repente se sintió tocado por la piedad». Como resume el Maestro al final del cuento, ya ha encontrado dos de las virtudes necesarias para alcanzar la iluminación: la concentración y la piedad.

EL HOMBRE ECUÁNIME

«Si tienes dudas sobre lo que es la ecuanimidad, escucha la historia del hombre ecuánime.

Este hombre era dueño de un caballo, pero cierto día se despertó, fue al establo y comprobó que el animal había desaparecido. Rápidamente, comenzaron a llegar sus vecinos para decirle cuánto lo lamentaban:

—¡Qué mala suerte has tenido! Para un caballo que tenías y se ha marchado...

El hombre se limitó a contestarles:

—Sí, sí. Así es. Así es.

Pasados unos días, el buen hombre se encontró con que en la puerta de su casa no solamente estaba su caballo, sino que había traído otro con él. Vinieron los vecinos y dijeron:

—¡Qué buena suerte la tuya! Ahora eres dueño de dos caballos.

El hombre se limitó a responder:

—Sí, sí. Así es.

Al disponer de dos caballos, ahora podía salir a montar con su hijo. Pero un día, el pequeño se cayó y se fracturó una pierna. Vinieron los vecinos y dijeron:

—Mala suerte, muy mala suerte. ¡Si no hubiera venido ese segundo caballo...!

El hombre se limitó a decir:

—Sí, sí. Así es.

Pasó una semana y estalló la guerra. Todos los jóvenes fueron movilizados, menos el hijo herido al caerse del caballo. Y vinieron de nuevo los vecinos a ver al padre y le dijeron:

—¡Tú sí que tienes buena suerte! Tu hijo se ha librado de la guerra.

Y él se limitó a responder:

—Sí, sí, así es.»

«El hombre ecuánime» no es sólo la historia de un auténtico ejemplo de ecuanimidad: su protagonista también nos enseña, con su forma de enfrentarse a los vaivenes vitales, que debemos dejarnos llevar por la rueda de la vida, que seguirá girando y girando queramos o no. En realidad, el hombre ecuánime es el hombre equilibrado, aquel que no pierde el norte con las alegrías y que no se regocija en sus penas, aquel que es capaz de aceptar todo lo que le es dado y que no intenta enfrentarse con su destino continuamente.

¡NO, NO, MI HIJO ESTÁ CONMIGO!

«Un hombre tenía un hijo. Por determinados motivos se vio obligado a viajar y tuvo que dejarlo solo en casa.

Unos bandoleros aprovecharon la ausencia del padre para entrar en la pequeña cabaña, robar, destrozarlo todo y llevarse al joven con ellos. Después incendiaron la casa.

Al poco tiempo, el padre regresó y, muy asustado, buscó entre los restos y encontró unos huesos, que creyó que eran los de su hijo quemado. Pensando que era lo único que le quedaba de él, introdujo los huesos en un saquito que ató a su cuello. Jamás se separaba del saquito, al que abrazaba con entrañable afecto, convencido de que aquellos eran los restos del muchacho.

Al cabo de unos meses, el hijo consiguió huir de los bandoleros y llegó hasta la puerta de la casa en la que vivía ahora su padre. Llamó a la puerta. El padre, abrazado a su saquito de huesos, preguntó:

—¿Quién es?

—Soy tu hijo —respondió el muchacho.

—No, no puedes ser mi hijo. Vete. Mi hijo ha muerto.

—No, padre, soy tu hijo. Conseguí escapar de los bandoleros.

El padre aprisionó aún más el saquito de huesos contra su pecho.

—He dicho que te vayas, ¿me oyes? Mi hijo está conmigo.

—Padre, escúchame: soy yo.

Pero el hombre seguía replicando:
—¡Vete, vete! Mi hijo murió y está conmigo.
Y no dejaba de abrazar el saquito de huesos.»

«¡No, no, mi hijo está conmigo!» es casi un cuento de fantasmas japonés. Pero más allá de esta apariencia espeluznante, este relato oculta un aprendizaje muy valioso y mucho más complejo de lo que pudiera parecernos a primera vista.

En realidad, todos nos parecemos más a ese padre desesperado de lo que pensamos. Todos llevamos encima un saquito de huesos al que nos aferramos con toda nuestra alma y del que no queremos desprendernos. Y ese saquito es una clara metáfora de nuestro apego a lo irreal e ilusorio, a aquellas cosas que nos alejan de la realidad y la sabiduría, que, como el hijo perdido, llaman a las puertas de nuestras casas mucho más a menudo de lo que nos pensamos. El auténtico problema es nuestra negativa a querer verlas.

IGNORANCIA

«Dos amigos no demasiado inteligentes se despertaron a medianoche y uno le dijo al otro:
—Sal fuera y dime si ya ha amanecido. Observa si ha salido el sol.
El hombre salió al exterior y comprobó que todo estaba muy oscuro. Volvió y explicó a su compañero:
—Está todo tan oscuro que no me es posible ver si el sol ha salido.
A lo que el otro repuso:
—No seas necio. ¿Acaso no puedes encender una linterna para ver si el sol ha salido?»

Un breve relato cuajado de metáforas y de muchas lecciones que deberían aplicarse todos aquellos que se estén planteando acercarse al camino del Zen.

Para empezar, los dos amigos «no demasiado inteligentes» no son más que representaciones de todos aquellos que aún no han iniciado el camino de la iluminación. Uno de ellos le pide al otro que salga fuera y compruebe si ya ha salido el sol, es decir, si llega la iluminación. Es evidente que estos dos personajes piensan que alcanzarla es simplemente una cuestión de sentarse a esperar e ir comprobando de vez en cuando si llega. De hecho, el encargado de ver si ha salido el sol se limita a comentar cuando vuelve que está todo tan oscuro que no ha podido comprobarlo. Es decir, se encuentra tan alejado de la verdadera iluminación, tan enraizado en el mundo material, que no es capaz de ver más allá. A su atolondrado compañero sólo se le ocurre recomendarle que vuelva a intentarlo, pero esta vez con una linterna.

Como los protagonistas de este cuento, los seres humanos también a veces actuamos de esta forma tan poco práctica en la búsqueda espiritual. No usamos sabiamente nuestra capacidad de discernimiento y nos limitamos a intentar buscar el sol en una noche cerrada utilizando una simple linterna.

LA ROSA Y EL SAPO

«Había una vez una rosa roja muy bella, y se sentía de maravilla al saber que era la flor mas bella del jardín. Sin embargo, se daba cuenta de que la gente la miraba siempre desde demasiado lejos.

Un bello día de primavera, la rosa se percató de que a su lado siempre había un sapo grande y oscuro, y que era por eso que nadie se acercaba a admirarla de cerca.

Indignada ante su descubrimiento, le ordenó al sapo que se fuera de inmediato. Muy obedientemente, el feo animal le respondió:

—Está bien. Si así lo quieres...

Y se marchó.

Poco tiempo después el sapo pasó por donde estaba la rosa y se sorprendió al verla totalmente marchita, sin hojas y sin pétalos. Muy amablemente le dijo:

—¿Qué te pasa?

La desnuda rosa le contestó:

—Desde que te fuiste, las hormigas me han ido comiendo poco a poco, día tras día. Ya nunca podré volver a ser igual.

El sapo le respondió con seguridad:

—Pues claro. Cuando yo estaba aquí me comía a esas hormigas y por eso siempre eras la más bella del jardín.»

Como la rosa de esta fábula, muchas veces despreciamos a los demás por creer que somos más que ellos. Nos consideramos más bellos, o más listos, o más altos, o más interesantes o, simplemente, estamos completamente convencidos de que no nos «sirven» para nada e intentamos apartarlos de nuestro lado para que no estropeen nuestro brillo.

Pero llega un día en el que nos damos cuenta de que todo el mundo, por increíble que pueda parecernos, aporta algo a nuestra vida. La rosa entendió tarde que el sapo le servía comiéndose las hormigas que acabaron destrozándola cuando le obligó a marcharse.

La moraleja de este bello relato es evidente: todos tenemos algo que aprender de los demás, todo el mundo nos aporta algo y nunca debemos despreciar a alguien por considerarlo inferior a nosotros.

Belleza y fealdad

«Un día soleado, dos hermanas llamadas Belleza y Fealdad decidieron salir juntas a pasear.

Al pasar junto al río, sintieron deseos de tomar un baño, bajo el fuerte sol de verano; así que se despojaron de sus ropas y entraron lentamente en el agua.

Juguetearon, se salpicaron con sus saltos dentro del agua y rieron juntas hasta ya avanzada la tarde.

Al salir, se vistieron cometiendo una equivocación: Belleza se puso las ropas de Fealdad, y Fealdad se vistió con las ropas de Belleza.

Aún hoy en día, la gente sigue confundiéndolas.»

Este brevísimo relato japonés nos enseña que la verdadera belleza o la verdadera fealdad de una persona se encuentra realmente en su interior. Demasiado a menudo, las personas se dejan llevar por las apariencias, por el exterior, por una cáscara externa que no siempre tiene por qué corresponder con lo más valioso del ser humano: su interior.

El hombre y la culebra

«Mientras paseaba por un monte, un hombre encontró una culebra que ciertos pastores habían atado al tronco de un árbol. Compadeciéndose de ella, la soltó.

Recobrada su fuerza y libertad, la culebra se volvió contra el hombre y se enroscó fuertemente en su cuello.

El hombre, sorprendido, le dijo:

—¿Qué haces? ¿Por qué me pagas tan mal?

Y ella respondió:

—No hago sino obedecer las leyes de mi instinto.

Entretanto pasó una raposa, a la que los litigantes eligieron como juez de la improvisada contienda.

—Mal podría juzgar —exclamó la zorra— lo que mis ojos no vieron desde el comienzo. Hay que reconstruir los hechos.

Entonces el hombre ató a la serpiente, y la zorra, después de comprobar lo sucedido, pronunció su fallo.

—Ahora tú —dijo dirigiéndose al hombre—, no te dejes llevar por corazonadas, y tú —añadió, dirigiéndose a la serpiente—, si puedes escapar, vete.»

Un recordatorio de que no hay que dejarse arrastrar por las debilidades. Lo que toca hacer es solucionar los problemas de raíz, sin permitir que se enquisten. Como sugiere la sabia raposa, convertida en improvisado juez, haz lo que debas hacer en su momento.

En realidad, este cuento zen acostumbra a completarse con unos versos que a menudo lo acompañan y que ayudan a comprender mucho mejor su sentido último:

«Atajar al principio el mal, procura;
si llega a echar raíz, tarde se cura».

El perro y su imagen

«Un perro cogió entre sus dientes un gran pedazo de carne. Satisfecho con el botín en la boca iba pensando:

—¡Qué maravilla! Me lo llevaré a casa y allí me lo comeré con tranquilidad.

En el camino, el perro cruzó un arroyo, cuyas cristalinas aguas reflejaron su imagen, y le hicieron ver ingenuamente a otro perro con una presa más grande en el hocico.

Como el animal tenía mucha hambre, abrió la boca y se zambulló en el agua para coger el pedazo de carne del otro perro. Mas, ¡oh desencanto!, se sumergió hasta el fondo y no encontró a su rival.

Entonces se dio cuenta, aunque tarde, de que su gula le había costado la pérdida de su propia comida.»

Una fábula clásica que ha sido presentada de forma muy similar a lo largo de los siglos. Provenga de la cultura que provenga, y sean quienes sean sus protagonistas, su lección siempre es idéntica: a veces, por perseguir una ilusión sin fundamento, descuidamos lo que ya tenemos y acabamos quedándonos sin nada. O dicho de una forma más castiza y directa: «Más vale pájaro en mano que ciento volando».

LOS MIL PERROS

«Se dice que hace tiempo, en un pequeño y lejano pueblo, había una casa abandonada. Cierto día, un perrito, buscando refugio del sol, logró meterse por el agujero de una de las puertas de dicha casa.

El animal subió lentamente las viejas escaleras de madera. Al terminar de subirlas se topó con una puerta entreabierta; lentamente se adentró en el cuarto. Para su sorpresa, descubrió que dentro de ese cuarto había mil perritos más observándolo tan fijamente como él los observaba a ellos. El animal comenzó a mover la cola y a levantar sus orejas poco a poco. Los mil perritos hicieron lo mismo. Posteriormente sonrió y le ladró alegremente a uno de ellos. El perrito se quedó sorprendido al ver que los mil animalitos también le sonreían y ladraban alegremente con él. Cuando el perrito salió del cuarto se quedó pensando:

—¡Qué lugar tan agradable! ¡Voy a venir más a menudo a visitarlo!

Tiempo después, otro perrito callejero entró en la misma casa y se encontró en el mismo cuarto. Pero a diferencia del primero, este animal, al ver a los otros mil perritos del cuarto se sintió amenazado y empezó a gruñir. Vio asustado como los mil perritos le gruñían. Comenzó a ladrarles ferozmente y los otros mil animales le ladraron también a él. Cuando salió del cuarto pensó:

—¡Qué lugar tan horrible es este! Nunca más volveré a entrar aquí.

En la fachada de la casa se podía ver un viejo letrero que decía:

La Casa de los Mil Espejos.»

«Los mil perros» es un relato zen relativamente moderno. Este cuento nos acerca una valiosa lección moral: lo que hay dentro de nosotros es lo que reflejamos. De esta forma, el primer perro que entra en la lúgubre Casa de los Mil Espejos, sonríe a los animalitos que descubre dentro de la habitación y recibe lo mismo, sonrisas. El segundo, en cambio, percibe la presencia de los mil perritos como una amenaza y reacciona gruñendo y ladrando. El resultado: una auténtica tormenta de ladridos.

Como estos dos perritos, nosotros nos enfrentamos cada día a una sala repleta de espejos, dispuesta a reflejar lo que nosotros hagamos, digamos o pensemos y devolvernos la imagen multiplicada por mil.

Si somos agradables, felices y bondadosos, recibiremos lo mismo. En cambio, si nos mostramos agresivos, desconfiados o traicioneros, nos tratarán de la misma manera.

LA RANA Y LOS GANSOS

«Una rana se preguntaba cómo podía alejarse del clima frío del invierno. Unos gansos que pasaban por allí le sugirieron que emigrara con ellos. Pero el problema era, evidentemente, que la rana no sabía volar. Después de darle vueltas al tema durante un buen rato, la rana les dijo a los gansos:

—He encontrado la solución. Tengo una inteligencia espléndida.

Luego pidió a dos de los gansos que la ayudaran a recoger una caña grande y fuerte y la sostuvieran agarrando cada uno un extremo con el pico. La rana se agarró con la boca por la zona central de la caña y el extraño grupo inició su travesía en busca de un lugar más cálido donde pasar el invierno.

Al poco rato pasaron por una pequeña ciudad. Avisados por un grupo de niños, todos los habitantes salieron de sus casas para ver el inusitado espectáculo. Alguien preguntó:

—¿A quién se le ha ocurrido tan brillante idea?

En ese momento, la rana se sintió tan orgullosa que exclamó gritando desde el cielo:

—¡A MÍ!»

No hace falta explicar cómo terminó la rana protagonista de este cuento cuando, al abrir la boca para proclamar que era ella la mente detrás de tan gran idea, acabó soltándose del palo que la sujetaba en el aire. Queda claro que la lección que intenta darnos «La rana y los gansos» es que el egocentrismo, el orgullo, puede convertirse en nuestra ruina.

LA CABEZA Y LA COLA

«Había una vez una enorme serpiente cuya cola y cabeza tenían la costumbre de pelearse siempre. La cola se quejaba amargamente en cuanto tenía ocasión:

—Yo estoy siempre detrás y tú estás siempre delante. No tengo más remedio que seguirte continuamente.

Al final, cansada de esta situación, la cola se enroscó alrededor de un árbol. No quería avanzar más. Justamente en ese mismo momento, la cabeza vio una apetitosa rana. Quería comérsela, pero era imposible. Enroscada al árbol como estaba no podía acercarse al exquisito manjar. Viendo que así no llegaban a ningún sitio y harta de conflictos, la cabeza permitió a la cola que fuera delante. Pero la cola no tenía ojos. La serpiente cayó en un agujero y ambas partes murieron.»

Este cuento zen contiene muchas enseñanzas. Quizá la primera de ellas, y la que más salta a la vista, sea que debemos conocer la importancia que tiene que cada uno sepa apreciar lo que es, dejando que el prójimo manifieste sus dones y sin sentir envidia por no poder ser como él.

«La cabeza y la cola» también intenta enseñarnos que cada persona tiene un don o una habilidad especial, y que debemos limitarnos a aceptar lo que nos ha sido dado. Muchas veces vemos a otros hacer cosas que nosotros desearíamos poder hacer, pero ni es nuestro cometido ni tenemos el don de poder hacerlas. El empecinamiento en la realización de esa tarea conlleva la frustración lógica del fracaso. Un sentimiento que a su vez puede conducirnos fácilmente hasta la envidia.

Siguiendo las enseñanzas del zen, deberíamos dejar de ver la vida como una especie de competición en la que tenemos que estar demostrando continuamente quién es el mejor. Esta forma de hacer nos impide ver lo que somos realmente. Nos impide ver los dones y las habilidades que tenemos.

El reconocimiento de nuestra verdadera valía es lo que nos hará ser cabeza o cola de serpiente, pero siempre intentando llevarlo con dignidad, sin envidiar dones ajenos.

UNA BRIZNA DE HIERBA

«Una brizna de hierba le dijo un soleado día a una hoja caída de un árbol en otoño:

—¡Cuánto ruido haces al caer! Espantas todos mis sueños de invierno.

La hoja replicó indignada:

—¡Tú, nacida en lo bajo y habitante de lo bajo, eres insignificante e incapaz de cantar! ¡Tú no vives en las alturas y no puedes reconocer el sonido de una canción!

La hoja de otoño cayó en la tierra y se quedó profundamente dormida. Cuando llegó la primavera despertó nuevamente de su sueño convertida en una brizna de hierba.

Al llegar nuevamente el otoño, flotando en el aire empezaron a caerle las hojas encima. Indignada, murmuró para sí misma:

—¡Oh, estas hojas de otoño! ¡Hacen tanto ruido! ¡Espantan todos mis sueños de invierno!»

Otro canto a no despreciar a aquellos que nos rodean. «Una brizna de hierba» también es una nueva invitación a no dejarse llevar por el orgullo ni por el sentimiento de superioridad. El mundo gira continuamente y a todos puede pasarnos lo que a la orgullosa hoja protagonista.

HAIKUS

Tras los apartados dedicados a los *koans* y a los cuentos, cerramos este capítulo dedicado a las formas literarias más tradicionales del Zen con la que quizá sea la más conocida, o al menos la que ha obtenido más repercusión entre el gran público: los *haikus*.

Formalmente, un *haiku* es un poema breve, casi siempre de diecisiete sílabas distribuidas en tres versos, de cinco, siete y cinco sílabas respectivamente. Pero más allá de academicismos, lo que caracteriza al *haiku* y lo distancia de otras formas poéticas es su contenido.

Realizando un tremendo ejercicio de abstracción podríamos decir que un *haiku* trata de describir de forma brevísima una escena, vista o imaginada por la persona que le da forma al poema.

Mucho se ha hablado también de la finalidad de los *haikus*, del motivo por el que son escritos. En realidad, para muchos son pequeñas creaciones cuya única función es la belleza. Para otros, son composiciones que buscan acercarnos al misterio del universo o que intentan mostrarnos la suprema importancia de los detalles aparentemente más insignificantes.

Aunque nunca se ha llegado a ningún acuerdo formal sobre este particular, cada gran creador de *haikus* ha tenido siempre claro qué es lo que le incitaba a plasmar sobre un papel estas pequeñas obras de arte. Así, para Basho, el *haiku* era un camino directo para acercarse al Zen. Buson, en cambio, lo consideraba un arte más, cuyo único fin era la belleza y el placer que sentía el lector al acercarse a ella. Para Issa, sus *haikus* no eran más que la expresión de su amor por las personas, los animales y las cosas.

Pero todos ellos, y otros grandes autores, han coincidido en algo que es común a la mayoría de los *haikus*: la referencia a alguna de las estaciones del año como excusa para extasiarse en la contemplación de las pequeñas maravillas que siempre nos regala la naturaleza. De esta forma, en los poemas situados en la primavera podemos extasiarnos con la floración de los ciruelos, el despertar de los cerezos, el esplendor de los sauces, el bellísimo canto de las aves, las siete flores de la primavera... Los ambientados en el cálido verano, en cambio, nos permiten disfrutar en primera persona del intrigantemente adormecedor canto de los insectos, de las lluvias, de las tormentas, de todo lo relativo a la siembra.

Los patos, las garzas, las largas noches, la cosecha del arroz... son temas recurrentes en los *haikus* más otoñales.

Finalmente, los invernales nos llegan envueltos en nieve, niebla, fríos vientos o apacibles paisajes nevados.

Más allá de todas estas consideraciones, los *haikus* son, posiblemente, el medio más expresivo del que se ha servido la filosofía oriental para expresar claramente su forma de ver y sentir la vida. Son poemas que recogen sensaciones, vivencias, suspiros, instantes... Pequeñas escenas congeladas que no deben ser entendidas utilizando el frío intelecto, que no admiten la disección del raciocinio puro; que deben sentirse más que entenderse.

Como afirmó una vez el Gran Maestro Basho: «*Haiku* es simplemente lo que está sucediendo en este lugar, en este momento».

Para cerrar este capítulo, presentamos una pequeña selección de *haikus* para que sean disfrutados por el lector con las premisas que apuntamos en esta breve introducción:

iru hito no	Lirios, pensad
tabi o shi omoe	que se halla de viaje
kakitsubata	el que os mira.

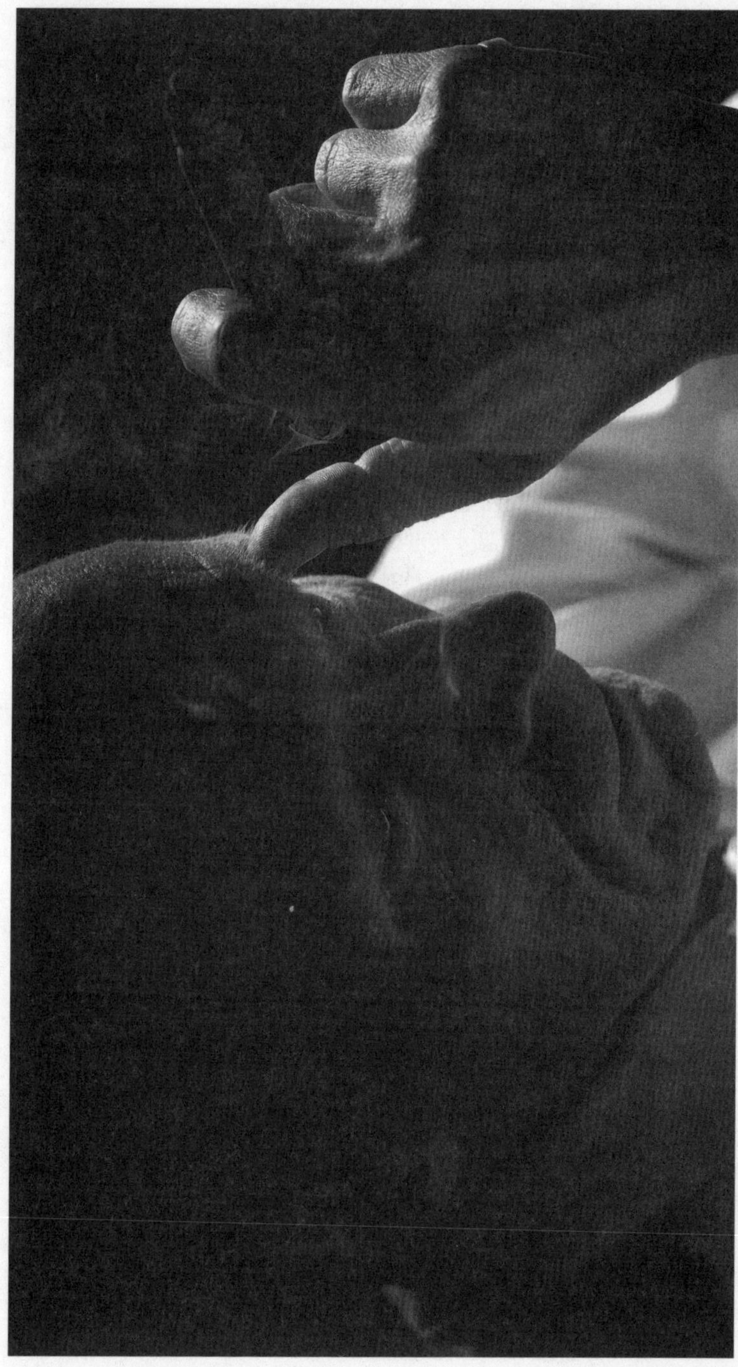

Cada vez con más frecuencia la meditación Zen se está utilizando para el tratamiento de los problemas gerontológicos.

tsuki otsuru
asashio hayashi
natsu no umi

Cae la luna,
rápida es la marea:
alba de estío.

yo no ame o
kesa furi-kakusu
konoha kana

Lluvia de anoche,
cubierta esta mañana
por la hojarasca.

rakka eda ni
kaeru to mireba
kochoo kana

¿Estoy viendo flores caídas
que retornan a la rama?
¡Es una mariposa!

choochoo ya
onago no michi no
ato saki ya

Hay mariposas
por donde van las niñas:
detrás, delante.

yabuku ko no
nakute shooji no
samusa kana

Sin niño que me rompa
las paredes de papel,
¡son tan frías...!

tombo tsuri
kyoo wa doko made
itta yara

El cazador de libélulas,
¿hasta qué región
se me habrá ido hoy?

asagao ni
tsurube torarete
morai mizu

Capturado mi pozo
por la flor de asagao,
salgo a pedir agua.

yado no haru
nani mo naki koso
nani mo are

No tiene nada
mi choza en primavera.
Lo tiene todo.

furusato mo
ima wa kari ne ya
wataridori

Es ya mi aldea
un sueño en un viaje.
Ave de paso.

suzukaze ya	Un viento fresco.
kokuu ni michite	Llenando el firmamento,
matsu no koe	voces de pinos.
ume o shiri	Para conocer la flor del ciruelo,
kokoro mo onore	tanto el propio corazón
hana mo onore	como la propia nariz.

GLOSARIO

Abidharma. Es el tercer libro del canon budista. En él se encuentran las enseñanzas y los análisis de los fenómenos psíquicos y espirituales de los sermones de Buda.

Agama. Es la «Fuente de la doctrina», una recopilación de los *sutra*.

Alaya. Literalmente, el «Almacén de la conciencia». En realidad, define a lo que nosotros llamamos inconsciente. Los seguidores del zen sostienen que por él pasan las semillas kármicas que dan lugar a la actividad psíquica que crea la ilusión de una individualidad.

Amidismo. Esta escuela budista, también conocida como la escuela de la Tierra Pura, apareció en la Antigua China durante la dinastía Tang (618-907 d.C.). Su influencia en el Zen chino y japonés ha llegado hasta nuestros días.

Anapanasati. Se denomina así a la extrema atención que se presta a la respiración durante determinados ejercicios.

Anatman. Doctrina budista del «no-yo» o del «no-ego». Se niega así la existencia de un *Atman* (de una alma) eterna e independiente. Según el budismo, el «yo» está compuesto por los cinco *Skanda* de la conciencia. El resultado es algo no permanente, efímero y, por tanto, sujeto al dolor.

Ango. Podría traducirse como «viviendo juntos en la más absoluta tranquilidad». Se trata de un retiro durante el cual los monjes no salen del monasterio.

En ese tiempo, se dedican exclusivamente a la concentración.

Anutara Samyak Sambodhi. El objetivo, la iluminación perfecta y universal.

Arhat. Este término describe a todo aquel que ha sido liberado de las pasiones. A aquella persona que, tal como hicieron los primeros discípulos de Buda, ha alcanzado el más alto estado espiritual. A partir de ese momento, no volverá a estar condicionado por el mundo de *samsara*.

Asamkrita. Literalmente significa «lo que no está condicionado». Este término se aplica a todo aquello que se encuentra en un estado que le permite estar por encima del *karma*, es decir, de la existencia condicionada. Por lo tanto, también se encuentra fuera del alcance del cielo, del nacimiento, de la transformación y de la muerte. Por antonomasia, el *nirvana* está considerado como el «no-condicionado» por todas las escuelas budistas.

Ashoka. Uno de los máximos protectores de la doctrina budista y soberano del reino de Maurya, en el norte de la India, que vivió entre 272 y 236 a.C. Según se cuenta, siendo un niño, en una vida anterior a la que estaba viviendo como rey, ofreció al sagrado Buda un buen puñado de tierra. Esta bondadosa acción le permitió volver a nacer convertido en soberano defensor de la causa budista.

Asura. Así se denomina a una de las seis condiciones para tener conciencia o, lo que es lo mismo, para existir.

Avalokitesvara. Palabra sánscrita que podríamos traducir por «aquel que es capaz de oír el rumor del mundo», es decir, aquel que realiza la vacuidad de su naturaleza gracias a su observación. Pero el *avalokitesvara* también sirve para simbolizar la gran compasión de que es capaz aquel que hace votos para salvar a todos los seres vivos que aparezcan en las diez direcciones.

Avatamsaka-sutra (Buddhavatamsakasutra). El «Sutra de la guirnalda de Buda», aquel que pretende enseñar la estrechísima relación libre y recíproca de todas las cosas. El espíritu humano es el Universo mismo y es Buda; entonces Buda, todos los seres y todas las cosas son una misma realidad, la Verdadera Realidad.

Avidya. Término sánscrito que se utiliza para denominar a la ignorancia o al «no-conocimiento». Esta especia de ceguera, o de apoyo completo en la ilusión, es típica de la primera etapa de la existencia condicionada (*samkrita*). El *Avidya*, la ignorancia, también forma parte del grupo de los tres venenos que completan la codicia y la cólera.

Bardo. Así se denomina al estado intermedio que transcurre entre la muerte de un individuo y su reencarnación.

Bassui Tokusho. Eminente maestro rinzai japonés.

Bendo. Término que podría traducirse como el «compromiso de todo corazón con la Vía».

Bhagavan. Palabra sánscrita que se utiliza para nombrar a los santos. *Bhagavan* es también uno de los nombres que recibe Buda en los *sutras*.

Bodaishin. Es el espíritu del despertar de Buda, una vez alcanzado el satori bajo el árbol Bodhi. El *Hotsu Bodaishin* se consigue siendo absolutamente fiel al *Bodhisattva*, o lo que es lo mismo, al «pasar todas las existencias en la Vía de la liberación».

Bodh-Gaya. Lugar histórico del *satori* del Buda Shakyamuni.

Bodhi. Significa literalmente «árbol». Por extensión, el Bodhi es el árbol bajo el cual el asceta Sidarta Gautama se sentó en *zazen* con la firme decisión de alcanzar la iluminación más perfecta que pudiera existir.

Bodhi o Bodai. Por extensión, esta palabra también se utiliza para designar la sabiduría perfecta o, siendo más directos, «el despertar», o la sabiduría que nace del *zazen*. Ese momento en que la Naturaleza de todas las existencias es revelada y donde *nirvana* y *samsara* no son antagónicos.

Bodhidharma. Nacido en Ceilán, es el fundador y primer Patriarca del Zen en China. Bodhidharma recibió todas las enseñanzas de Hannyatara. Después de ser iluminado, viajó por mar hasta llegar a China. Una vez allí, y durante nueve años, practicó *zazen* en una cueva de la montaña de Shaolín. Allí permaneció, silencioso y de cara a la pared hasta que encontró a Eka, un perfecto discípulo al que transmitirle todos los conocimientos que había adquirido.

Bodhisattva. El nombre que reciben los iluminados, literalmente «seres despiertos». Son aquellas personas que saben darse cuenta de que lo son y dedican su vida a ayudar a los demás. Son la representación más perfecta del ideal del budismo Mahayana, de aquellos que se quedan en el mundo del sufrimiento y de los deseos, ayudando a todos los seres vivientes a alcanzar el despertar antes de liberarse a sí mismos del mundo de la reencarnación. Esta es una de las primeras «órdenes» que se reciben en la práctica del Zen.

Bodhistsattvas transcendentales. Son aquellos elegidos que, habiendo realizado los seis *Paramitas*, tienen la sabiduría perfecta del estado de Buda y no están sometidos al *samsara*. En ese estado divino, son capaces de ayudar y guiar a los creyentes o practicantes. Los *Bodhistsattvas* son *Avalokaiteshavara, Manjushri, Krhitigharba, Manasthamaprapta* y *Samantabhadra.*

Bokuseki. Término japonés que se podría traducir como «grafismo realizado con tinta china». Los *Bokuseki* son escrituras salidas de la mano de un maestro o de un monje zen que transmite en una sola palabra o poema el espíritu del Zen. Por extensión, también se llama *Bokuseki* a la transmisión del *Shin* entre un maestro y su discípulo.

Bonno. Son las pasiones, todas aquellas ligaduras que nos atan al mundo terrenal o que nos provocan dependencias emocionales. Los *Bonno* son ciento ocho, como las cuentas que dan forma a los rosarios budistas.

Buda. Su nombre significa literalmente «El Despierto», o el hombre que es capaz de alcanzar el Despertar perfecto (*Bodai*) y liberarse en el Nirvana del ciclo de renacimiento (*samsara*). El Buda de nuestra era es Shakyamuni, que vivió hace 2.500 años. Hijo de un príncipe de la familia de los Shakya, entró en la montaña para buscar la verdad y finalmente alcanzó el gran Despertar y pasó el resto de su vida transmitiendo la Vía. Por extensión, Buda también significa absoluto, última realidad sin forma, sin color...

Buda, dharma del. Es la enseñanza del Buda Shakyamuni dirigida a la práctica del Despertar más allá de los dogmas y de los textos. En japonés se denomina *Ho*.

Buddhamitra. Nombre que recibe el Noveno Patriarca de la transmisión zen.

Buddhanandi. El Octavo Patriarca de la transmisión zen.

Budismo. La milenaria religión basada en el Despertar que estableció el Buda Shakyamuni a partir del despertar *zazen*. El budismo se manifiesta en la enseñanza de las Cuatro Nobles Verdades. Se desarrolló en el oriente de la India: de allí llegó hasta Japón. Desde la segunda mitad del siglo XX, también tiene seguidores en el mundo occidental.

Busshin. Término japonés que significa «Cuerpo de Buda». Se refiere al cuerpo físico de Shakyamuni Buda.

Bussho. Otra palabra japonesa que en este caso se refiere a «La naturaleza de Buda». Por extensión, *bussho* se aplica a la naturaleza exterior, al mundo de la imaginación o de la interpretación individual. Para los seguidores del zen, esta naturaleza que nos llena, que da forma a lo que creemos ser, es idéntica a *Ku* (a la vacuidad). Por lo tanto, el *bussho* es inconcebible, puesto que es existencia sin una sustancia propia.

Busso. Nombre que reciben tradicionalmente los Budas y Patriarcas.

Butsu. Nombre japonés de Buda.

Butsudo. Término que significa «La Vía de Buda». Por extensión, el *butsudo* es también la práctica de la Vía que conduce a la iluminación de Buda.

Ch'i. O Ki, palabra japonesa que podríamos traducir como «aire», «soplo», «energía», «temperamento», «fuerza», «impulso vital», «energía»... El *Ch'i* es el concepto central del taoísmo y uno de los pilares centrales de la milenaria medicina tradicional china.

Chih i. Está considerado como el Verdadero fundador de la escuela T'ien Tai.

Chitta. Término que se utiliza como sinónimo del espíritu especulativo y de la conciencia. *Chitta* designa el conjunto de las manifestaciones y procesos psíquicos del ser humano.

Chukai. En japonés antiguo significa «acción de quitarse el vestido». Por extensión, ha acabado designando a las pausas entre dos prácticas de *zazen*.

Cinco grados de la iluminación. Son los *Go* establecidos por el maestro Tung Shan Liang Chieh. Estos cinco grados expresan las relaciones entre los opuestos para finalmente llegar al quinto que es la emancipación de la realidad, el auténtico y liberador despertar.

Dai Funshi. «Gran e inquebrantable resolución», resolución firme. Una de las tres condiciones esenciales de la práctica del *zazen*. Las otras dos son: *Dai Gidan* y *Dai Shinkon.*

Dai Gedatsu. La gran liberación. La iluminación perfecta. La sublime unión del *nirvana* y del *samsara*.

Dai Gidan. Literalmente significa la «Gran duda». No debe entenderse como escepticismo en el sentido occidental. En el caso del zen, el *Dai Gidan* debe comprenderse como una investigación interior.

Dai. Palabra que se utiliza para designar a un Gran Maestro. También puede utilizarse el término *Sho*. Tanto *Dai* como *Sho* se usan para nombrar a un maestro ya muerto.

Dai Shinkon. Traducido literalmente, «La Gran raíz de la Fe». El Dai Shinkon designa la fe más profunda en la Vía.

Daruma. Nombre japonés que recibe Bodhidharma.

Devadatta. Fue el primo y discípulo del Buda Shakyamuni. Tradicionalmente se explica que intentó provocar una escisión entre los discípulos del Buda. Algunos relatos explican que incluso intentó matar al Buda.

Dharani. Se trata de *sutras* cortos, silábicos y simbólicos, que contienen *mantras*. Los *dharani* se repiten continuamente durante ceremonias especiales.

Dharma. Según la raíz sánscrita, deberíamos traducirlo como «llevar», «aguantar» o «soportar». Por extensión se utiliza para identificar el conjunto de procesos que rigen la vida cósmica, las leyes del universo. Su segundo e importantísimo significado es «la enseñanza del Buda que está en armonía con la ley cósmica». Los *dharmas* son todos los fenómenos que existen, por lo tanto, el *dharma* es la realidad.

Dharmadhatu. Significa literalmente «El mundo de la Ley». El *dharmadhatu* es la verdadera naturaleza que rodea y penetra todas las cosas.

Dharmakaya. «Los tres cuerpos del Buda».

Dhatu. «Elemento», «fuente». Este es el significado original de esta palabra sánscrita. El *dhatu* contiene todos los elementos materiales y psíquicos.

Dhitika. Nombre del Quinto Patriarca que dio lugar al linaje indio del Zen.

Dhuta. «Dejar algo», «distanciarse», «alejarse de algo». Un término sánscrito que ha acabado dando nombre a las prácticas ascéticas que permiten limpiarse de sus pasiones y que eran aceptadas por el Buda.

Dhyana. La «Concentración».

Diez grandes discípulos del Buda. Mahakashyapa, Ananda, Sariputra, Subhuti, Purna, Mahamaudgalyayanna, Katyayana, Anirhuda, Upali y Rahula.

Dipamkara. Su significado original es «el que enciende la lámpara». El *dipamkara* está considerado tradicionalmente como el primer Buda anterior al Buda histórico.

Do. Palabra japonesa que se utiliza para designar al Tao, a la Vía de la Iluminación.

Dojo. Es el lugar donde se practica la Vía del Zen, el *zazen*. Pero *dojo* también es un término que se emplea para designar los lugares donde se practican otras vías, como por ejemplo la de la espada.

Dokan. Palabra japonesa que significa «El anillo de la Vía». La Vía no tiene ni principio ni fin. El seguimiento de la misma pertenece al presente eterno.

Dokusan. No es extraño que esta palabra, que significa «ir solo hacia alguien superior», haya acabado dando nombre al encuentro de un discípulo zen con su maestro, para plantear preguntas en relación con la práctica del Zen.

Doshin. El auténtico espíritu de la Vía que sólo se encuentra en quien práctica la Vía sinceramente.

Dukha. Un término que podría traducirse como «el sufrimiento». El *dukha* es la idea central del budismo y el fundamento de las Cuatro Nobles Verdades. No se trata simplemente de aquello que nos resulta desagradable, sino de todo lo que es condicionado. El *dukha* designa a todos los elementos materiales o espirituales compuestos por los cinco *Skanda*, sometidos al nacimiento y a la muerte y en estado de no-liberación.

Ego. La personalidad. Para los practicantes del zen, el ego, el yo, es demasiado posesivo y limitado. Por lo tanto, es un concepto que debe ser conocido perfectamente para que seamos capaces de dejarlo atrás. Es una pura ilusión a la que, sin embargo, le atribuimos el grado de realidad verdadera.

Eihei-ji. Uno de los dos grandes monasterios Soto Zen en Japón. Fundado en 1243. Su nombre significa Templo de la Paz Eterna.

Eka. O Hui k'o. El Segundo Patriarca. En el año 520 fue al encuentro de Bodhidharma. La historia cuenta que en ese momento tuvo suficiente sangra fría como para cortarse el brazo izquierdo como prueba de su sinceridad.

Eno. También conocido como Hui Neng, el Sexto Patriarca. Eno fue el verdadero instaurador del Zen en China. Tuvo grandes discípulos, entre los que cabe destacar a Nangaku y Seigen, que instauraron las escuelas Rinzai y Soto.

Gassho. Se denomina así a la acción de juntar las manos verticalmente ante sí. El *gassho* es un símbolo de la unidad.

Genjokoan. «El Koan de la Vida Cotidiana».

Guenmai. Tradicional sopa japonesa, hecha con arroz integral y legumbres cocidas a fuego muy lento, que acostumbra a tomarse después del *zazen* de la mañana.

Hinayana. La «doctrina de los antiguos». El *hinayana* es una rama del budismo que aspira a la salvación personal. Se basa en el seguimiento de una estricta vida monacal, siguiendo la enseñanza del Tripitaka. El *hinayana* aún continúa muy implantado en el sureste asiático.

Hishiryo. Término japonés que significa literalmente «más allá del pensamiento». El *hishiryo* es el estado de la conciencia durante *zazen*. Un momento en el que la mente no se mantiene fija en el pensamiento, ni en el no-pensamiento. También se denomina así a la conciencia cósmica, pura y sin dualidad que existe antes de que aparezca el pensamiento.

Innen. Término japonés formado por dos palabras *In* (la causa) y *Nen* (la interdependencia). De este modo, *innen* significa que todos los fenómenos están producidos por una causa, y todas las causas están en interdependencia. Las doce *innen*, las doce «causas internas directas y externas indirectas» forman una cadena, que comienza en la ignorancia, pasando por la acción, la conciencia, la materia, los seis órganos de los sentidos, el contacto, la percepción, el deseo, el apego, la posesión, el vivir, y la vejez y muerte. A través de la observación de las doce *innen*, Buda entendió y superó las causas del sufrimiento humano.

I shin den shin. Frase japonesa que podríamos traducir como «algo que va de mi espíritu a tu espíritu». Significa una transmisión íntima de conocimientos.

Kai. Los preceptos, las normas y las reglas de vida de un Bodhisattva. No vienen nunca impuestos, ya que la práctica del *zazen* hace que los *kai* se manifiesten espontáneamente en nuestro comportamiento.

Kanji. Son los ideogramas, la preciosa y delicada forma de escritura que se utiliza en China y Japón.

Karate. Una de las más conocidas artes marciales japonesas. El término está formado por las palabras «kara» (vacías) y «Te» (manos), por lo tanto, es la lucha que se realiza con las manos completamente desnudas.

Karma. Cualquier acción del cuerpo, de la palabra, del pensamiento. Encadenamiento de causas y efectos. El acto y sus consecuencias son la base de la práctica del Zen.

Kesa. Es el hábito de Buda y, por lo tanto, el hábito que debe llevar el monje mientras practica *zazen*. Es por ello que el *kesa* es objeto de fe y de respeto. La palabra *kesa* viene del sánscrito «kasaya», término que significa «color mezclado del que no se puede medir el límite». No es extraño que se acabara denominando así a los ropajes que vestían los primeros discípulos del Buda Shakyamuni. Como no tenían posesiones materiales, recogían las telas rotas y sucias abandonadas por la gente. Una vez limpias y cosidas, las teñían con la tierra ocre. El *kesa* se transmite siempre de maestro a discípulo.

Kikai Tanden. En una traducción aproximada del japonés, significaría «Océano de la energía». Es la zona del cuerpo, situada debajo del ombligo, donde tradicionalmente se piensa que reside la energía, el *Ki*.

Kin-hin. Significa «Andar con la respiración» y designa exactamente a esta acción. El *kin-hin* es la pausa en la mitad de una sesión de *zazen*. Un tiempo que se aprovecha para practicar la concentración y la observación andando.

Kito. Nombre que recibe la ceremonia realizada para invocar la ayuda del poder invisible.

Koan. Literalmente, «cartel público» o «edicto». Forma literaria en la que se presenta la enseñanza de un maestro que sitúa al discípulo frente a la paradoja de la vida. No se puede comprender por el intelecto o el razonamiento;

hay que ir más allá hasta encontrar la intuición, el conocimiento activo. Su uso empezó en China en el siglo X.

Kontin. Se podría traducir como «sopor» o «somnolencia». Designa el plácido estado de aturdimiento que a veces se produce durante el *zazen* o en la vida cotidiana.

Ku. La vacuidad. Todo aquello que no tiene sustancia o entidad individual fija.

Kusen. Enseñanza recibida durante la práctica de *zazen*.

Kyosaku. Palabra japonesa que significa «Bastón del despertar». Representa el espíritu del maestro. El golpe del kyosaku durante la práctica de *zazen* tiene para el discípulo un efecto a la vez calmante y tonificante.

Mana. El sexto sentido. Un grado superior de la conciencia gracias al cual se pueden percibir las funciones mentales.

Mondo. Otro término formado por la unión de dos palabras japonesas. «Mon» significa preguntas, mientras que «do» se traduciría como respuestas. El *mondo* son las preguntas y respuestas que van del discípulo al maestro y viceversa.

Mu. La nada, la negación absoluta.

Muga. El no-ego, la ausencia de conciencia de uno mismo.

Mujo. Término que describe el carácter cambiante y transitorio de todas las cosas.

Mushin. Parecido al *muga*. «Mu» significa negación y «Shin» conciencia personal, por lo que *mushin* podría traducirse como «sin conciencia personal».

Mushotoku. Sin meta fija, sin un egoísmo que nos arrastre a sacar provecho de cualquier situación. El *mushotoku* es la esencia del espíritu zen.

Muso. Algo sin aspecto, sin forma.

Naraka. El Infierno. El *naraka* es uno de los seis estados de la conciencia, en este caso, la condición de sufrimiento del ser humano.

Nirvana. Si nos atenemos a su significado literal, el nirvana no es más que la «extinción», entendida como la liberación completa del ciclo de los renacimientos. Por lo tanto, el nirvana también se podría entender como un estado de calma profunda.

Patriarcas. Nombre honorífico que reciben los fundadores de una escuela y sus descendientes en la transmisión. El primer Patriarca es Mahakashyapa, al cual transmitió el *dharma* el Buda Shakyamuni. Bodhidharma es el vigésimo octavo Patriarca indio y el primer Patriarca chino. En China hubo seis Patriarcas hasta Eno, después se comenzó a hablar de Maestros de la Transmisión.

Rakusu. Es un pequeño *kesa* que se suele llevar a lo largo de la vida cotidiana o cuando se realiza un viaje.

Samadhi. O *zanmai*. Es la concentración y la observación durante *zazen*.

Sampai. Dejar caer el cuerpo al suelo, logrando que entre en contacto con la tierra. Se practica durante las ceremonias en el *dojo*. Es una forma de abandono de la conciencia personal a través del cuerpo. Éste se une a la gran tierra, sin distinciones.

Samu. Es el trabajo manual que se lleva a cabo siguiendo la misma actitud de concentración que durante el *zazen*. El *samu* siempre forma parte de la actividad dentro de un templo.

Sanran. Término japonés que podríamos traducir como «excitación». El *sanran* es el estado de distracción que aparece durante el *zazen* o en la vida cotidiana.

Satori. Es el despertar a la Vía, a la Verdad. Un estado que para los practicantes del Zen es visto como la condición normal de la conciencia.

Sesshin. Palabra japonesa que significa «tocar el espíritu». Define el período de práctica intensiva de *zazen*, de uno a varios días. Durante el *sesshin* se practican de cinco a siete horas de *zazen* al día.

Shikantaza. La concentración y la observación durante la práctica de *zazen*. En realidad, *shikantaza* significa «simplemente sentarse».

Shiki. Nombre que reciben los fenómenos, las formas, las cosas visibles.

Shin. El espíritu, el corazón.

Soto. Junto con el *rinzai*, una de las dos escuelas del Zen que siguen vigentes en la actualidad. El soto se basa en la práctica de *zazen* y en el Mokusho zen, o el Zen del Despertar Silencioso.

Sutras. Las Sagradas Escrituras budistas en la que se encuentran registradas las valiosas enseñanzas orales de Shakyamuni.

Sutra del Diamante. O *Kongo Kyo*. Es el *sutra* que enseña a considerar los fenómenos de la vida simplemente como ilusiones sin esencia propia. El aprendizaje del *sutra del Diamante* permite alcanzar un espíritu tranquilo, libre tanto de las pasiones como de los prejuicios.

Sutra del Loto. Considerado como el sutra completo por el budismo Mahayana, este *sutra* trata de la noción de la naturaleza trascendental del Buda y de la posibilidad de una salvación universal.

Tenzo. Nombre que recibe el cocinero en un monasterio o durante una *sesshin*.

Zafu. Palabra japonesa que designa al cojín redondo que se utiliza para sentarse mientras se practica el *zazen*.

Zazen. Concentración en posición sentada.

Zen. «Dhyana» en sánscrito y «Ch'an» en chino. El Zen es la concentración en castellano. Una de las escuelas del budismo Mahayana.

BIBLIOGRAFÍA

ACOSTA, IGNACIO. *Trabajo interior, vivir en feliz armonía, el (za-zen)*, Editores Extremeños, 1991.

ALTERANI, FULVIO. *Zen*, Editorial De Vecchi, 1997.

BALDERRAMA, JULIO. *Diccionario de la sabiduría oriental: budismo, hinduísmo, taoísmo, zen*, Ediciones Paidós Ibérica, 1993.

BANCROFT, ANNE. *Zen*, Ediciones del Prado, 1996.

BODHIDHARMA. *Enseñanzas zen: el texto fundamental del introductor del budismo en China*, Editorial Kairós, 1995.

CALLE, RAMIRO. *Budismo Zen y Budismo Tibetano*, Editorial Alas, 1988.

CLEARY, THOMAS F. *La Esencia del Zen*, Editorial Kairós, 1992.

DESHIMARU, TAISEN. *Preguntas a un Maestro Zen*, Editorial Kairós, 1985.

DESHIMARU, TAISEN. *La voz del valle: enseñanzas Zen*, Ediciones Paidós Ibérica, 1985.

DESHIMARU, TAISEN. *La práctica del Zen*, Editorial Kairós, 1986.

DESHIMARU, TAISEN. *Palabras zen*, Ediciones B, 1999.

DESHIMARU, TAISEN. *Historias zen*, Editorial Sirio, 2001.

DESHIMARU, TAISEN. *La práctica de la concentración: el Zen en la vida cotidiana*, Edicomunicación, 1999.

DUMOULIN, HEINRICH. *Zen: el camino de la iluminación en el budismo*, Editorial Desclée de Brouwer, 2002.

FONTANA, DAVID. *Aprender meditación Zen: guía práctica para alcanzar la serenidad personal*, Ediciones Oniro, 2001.

GLASSMAN, BERNIE. *El cercle infinit: fonaments per a la pràctica zen*, Viena Ediciones, 2003.

HERRIGEL, EUGEN. *El camino del Zen*, Ediciones Paidós Ibérica, 1999.
HIRAI, TOMIO. *La meditación zen como terapia: evidencias científicas de los efectos del zazen*, Editorial Ibis, 1994.
IZUTSU, TOSHIHIKO. *El Koan zen*, Eyras, 1980.
JODOROWSKY, ALEJANDRO. *El dedo y la Luna: cuentos Zen, Haikus y Koans*, Ediciones Obelisco, 2004.
JOKIN, KEIZAN. *Recomendaciones para la práctica del Zazen*, Ediciones Dharma, 1988.
KAPLEAU, PHILIP. *El zen de la vida y la muerte: guía práctica espiritual*, Ediciones Oniro, 1999.
LOW, ALBERT. *Introducción a la práctica del zen*, Editorial Kairós, 1994.
MAN-TU LEE, ANTHONY. *Sabiduría Zen*, Círculo de Lectores, 2002.
MAN-TU LEE, ANTHONY. *El zen en 10 sencillas lecciones*, Ediciones B, 2003.
MORAZA, JOSÉ IGNACIO. *La búsqueda: los diez toros del zen*, Editorial Debate, 1999.
NALDA, JOSÉ SANTOS. *Zen: la sabiduría práctica*, Editorial Paidotribo, 1998.
REPS, PAUL. *101 historias zen*, Ediciones Martínez Roca, 1998.
ROMÁN, RODOLFO. *Zen: selección de textos clásicos que invitan al despertar de la conciencia y a la meditación*, RBA Libros, 1997.
SARGENT, JIHO. *Zen: 108 preguntas y respuestas sobre la filosofía y la práctica de esta antigua tradición*, Ediciones Oniro, 2002.
SEKIDA, KATSUKI. *Za Zen*, Editorial Kairós, 1992.
SUZUKI, DAISETZ TEITARO. *La práctica del monje zen*, Abraxas, 1998.
WATTS, ALAN. *El camino del Zen*, Edhasa, 2003.
WONG, KIEW KIT. *El libro completo del zen*, Ediciones Martínez Roca, 2000.
WOOD, ERNEST. *Diccionario Zen*, Ediciones Paidós, 1980.